Brunches et petits déjeuners en fête

Couverture
- Maquette:
GAÉTAN FORCILLO
- Photo:
BERNARD PETIT

Maquette intérieure
- Conception graphique:
JEAN-GUY FOURNIER

DISTRIBUTEURS EXCLUSIFS:

- Pour le Canada:
AGENCE DE DISTRIBUTION POPULAIRE INC.*
955, rue Amherst, Montréal H2L 3K4 (tél.: 514-523-1182)
*Filiale de Sogides Ltée

- Pour la France et l'Afrique:
INTER-FORUM
13, rue de la Glacière, 75013 Paris (tél.: 570-1180)

- Pour la Belgique, la Suisse, le Portugal, les pays de l'Est:
S.A. VANDER
Avenue des Volontaires, 321, 1150 Bruxelles (tél.: 02-762-0662)

Yolande Bergeron

Brunches et petits déjeuners en fête

LES ÉDITIONS DE L'HOMME*

CANADA: 955, rue Amherst, Montréal H2L 3K4

*Division de Sogides Ltée

© 1984 LES ÉDITIONS DE L'HOMME,
DIVISION DE SOGIDES LTÉE

Tous droits réservés

*Bibliothèque nationale du Québec
Dépôt légal — 3e trimestre 1984*

ISBN 2-7619-0378-1

Table des matières

Mot de l'auteur 9

Autour du monde

    Le brunch à la canadienne 13
    Le brunch aux États-Unis 29
    Viva Mexico! 45
    Petits matins bulgares 65
    Doux matins de Corfou 73
    Le brunch à la française 81
    Le breakfast anglais 89
    Le petit brunch à l'italienne 99
    Petit déjeuner ou brunch belge 105
    Au pays des Vikings 115

Occasions spéciales

    Le brunch de la Saint-Sylvestre
        ou du premier de l'an 131
    Le brunch du jour des Rois 149
    Les crêpes de la Chandeleur 161
    Pour amoureux seulement 169
    Le brunch de Pâques 177
    Bonne fête maman! 187
    Bonne fête des Pères 193
    Les noces à la campagne 201
    Petit brunch de Noël
        ou de la Saint-Sylvestre 227

Et pour ceux qui n'ont pas le temps 241

Index 247

Mot de l'auteure

C'est avec grand plaisir que je vous offre ce recueil de recettes pour petits déjeuners et brunches. Je ne voudrais pas vous effrayer par la longue liste de plats qui composent certains menus. Vous choisissez simplement ce qui vous plaît et le tour est joué. Aussi, il est très agréable de «monter» son propre menu, avec des éléments choisis des divers menus suggérés.

J'ai voulu vulgariser certaines recettes qui semblent quelque peu compliquées. Il ne faudrait surtout pas éliminer, par exemple, le *Koulibiac* à la russe, parce que la préparation semble longue. Il s'agit tout simplement de travailler par étapes et de bien faire sa mise en place.

Ces idées de menus pourront être utilisées pour le lunch ou pour le dîner. Par exemple, le thème des noces à la campagne est sympathique, mais il est très adaptable pour une garden-party en changeant quelques plats.

De grands remerciements à ma famille, si patiente. À mes amis des chaînes de télévision de Montréal qui m'ont supportée depuis le début de la rédaction du livre. Aux amis à qui je lisais et relisais mes textes, et à tous ceux qui ont fait le sacrifice... de goûter à l'échantillonnage de mets pour les besoins... de la cause.

Un grand merci à ma famille «adoptive de coeur» au Mexique, Charlotte, Frédérique, Sophie et Frederico Schlitter. Merci à mes amis mentionnés dans le livre. Pays où j'ai senti le pouls de ces peuples. À mon grand regret, il m'était impossible d'écrire sur tous les pays visités ou connus, mais l'avenir nous en donnera l'occasion.

Je vous souhaite beaucoup de bonheur et de chaleur autour de vous. Bonne lecture.

Yolande Bergeron

Autour du monde

Le brunch
à la canadienne

Comme il est passionnant mais difficile d'écrire sur son pays! Décrire l'immensité et la magnificence du Canada fait prendre conscience de ses valeurs et de ses richesses.

Ce pays, bordé à l'ouest par l'océan Pacifique, traverse la Prairie, l'Ontario et le Québec pour aller rencontrer les provinces maritimes qui baignent dans l'océan Atlantique.

Les plaines ou provinces de l'Ouest offrent un héritage ethnique varié. L'Ontario a son Niagara, le Québec sa Manicouagan, Terre-Neuve ses insulaires tout comme l'Île-du-Prince-Édouard. Le cap Breton, lui, est fort et fier de son histoire.

Les paysages de plaines ou de montagnes, de lacs et de rivières incitent à des cultures gastronomiques très variées, en plus d'offrir un panorama saisissant et inoubliable partout où l'on passe.

Qui ne connaît pas les saumons de la Colombie britannique ou de la Nouvelle-Écosse, ou les homards à chair tendre et rosée des provinces maritimes? Les denrées du Canada se retrouvent sur toutes les tables du monde. La corne d'abondance s'étend de l'est à l'ouest et du nord au sud.

La cuisine du Canada est celle où chaque province a gardé l'authenticité de ses racines.

AU MENU

Pichet de jus de pommes
Cidre chaud et épicé

**Pain éclair aux noix et aux lingonnes
du lac Saint-Jean**
**Pain aux fruits «monseigneur»
de Terre-Neuve**
Muffins au blé d'Inde de l'Ontario
**Pain santé des plaines
de l'ouest canadien**

**Oeufs brouillés au saumon fumé
de Victoria**
**Oeufs pochés au sirop d'érable
du Québec**
Omelette grand-mère

Petit jambon moutarde et marmelade

**Crêpes de pommes de terre
du Nouveau-Brunswick**

Gâteau aux pommes panaché

Corbeille de fruits frais variés

Café — Thé — Chocolat chaud ou froid

Pichet de jus de pommes

Prévoir un pichet ou un bol à punch de verre. Y verser le jus de pommes bien frais et des glaçons faits avec du jus de pommes. Agrémenter d'une spirale de pelure de pomme.

Cidre chaud et épicé

Porter presque à ébullition 1 ou 2 L (1 ou 2 pintes) de cidre auquel on a ajouté:

**1 bâton de cannelle naturelle
1 spirale de pelure de pomme piquée de 1 ou quelques clous de girofle
Quelques râpures de muscade**

Retirer de la source de chaleur et infuser à couvert 15 minutes. Servir encore chaud.

NOTE. — Utiliser de préférence une cocotte en fonte émaillée ou en acier inoxydable.

Pain éclair aux noix et aux lingonnes du lac Saint-Jean

Au Québec, dans la région du lac Saint-Jean, on nomme les atocas ou canneberges lingonnes, à juste titre, car elles sont identiques aux lingonnes de Suède.

625 mL (2 1/2 tasses) de farine tout usage ou de blé entier
5 mL (1 c. à thé) de bicarbonate de soude
5 mL (1 c. à thé) de poudre à lever chimique
125 mL (1/2 tasse) de dattes grossièrement hachées
2 mL (1/2 c. à thé) de sel
125 mL (1/2 tasse) de pacanes ou de noix de Grenoble grossièrement coupées
250 mL (1 tasse) de canneberges ou de lingonnes fraîches ou surgelées
Zeste râpé de 1 orange

2 oeufs légèrement battus
250 mL (1 tasse) de babeurre (*buttermilk*) ou de lait suri*
175 mL (3/4 tasse) de beurre fondu ou d'huile végétale

1 - Dans un grand bol à mélanger, déposer les ingrédients secs.

2 - Battre les oeufs, le babeurre, le beurre fondu ou l'huile végétale. Parfumer, si désiré, d'une goutte d'essence de vanille et d'essence d'amande.

3 - Incorporer les liquides aux ingrédients secs. Brasser à la cuiller de bois juste assez pour amalgamer tous les éléments.

4 - Verser la pâte dans un moule à pain graissé et légèrement enfariné.

5 - Cuire au four préchauffé à 160°C (325°F), environ 1 heure ou jusqu'à cuisson parfaite.

NOTE. — Si désiré, au sortir du four, saupoudrer le pain de 30 mL (2 c. à table) de sucre blanc et humecter du jus d'une orange sur toute la surface.

---

* Lait suri: À 250 mL (1 tasse) de lait, ajouter 15 mL (1 c. à table) de vinaigre blanc ou de jus de citron. Laisser reposer 10 minutes.

Pain aux fruits «monseigneur» de Terre-Neuve

Le pain «monseigneur» est le cake que l'on servait lors de la visite paroissiale du pasteur anglican ou catholique. Aujourd'hui, ce pain se déguste en maintes occasions, spécialement au petit déjeuner, pour la collation et à l'heure du thé.

500 mL (2 tasses) de farine tout usage
15 mL (3 c. à thé) de poudre à lever chimique
2 mL (1/2 c. à thé) de sel
175 mL (3/4 tasse) de sucre

1 tranche d'ananas confit, coupée en menus dés
50 mL (1/4 tasse) de raisins secs sultanas
125 mL (1/2 tasse) de cerises (moitié confites, moitié cerises au marasquin)
125 mL (1/2 tasse) de brisures de chocolat mi-sucré

2 gros oeufs légèrement battus
250 mL (1 tasse) de lait ou de babeurre (*buttermilk*)
50 mL (1/4 tasse) de beurre fondu ou d'huile végétale

1 - Dans un bol à mélanger, déposer tous les ingrédients secs, les fruits confits, les noix, les brisures de chocolat et les raisins.

2 - Battre les 2 oeufs avec le lait et le beurre fondu.

3 - Incorporer le liquide aux ingrédients secs et aux fruits.

4 - Verser la pâte dans un moule à pain de 22 x 10 x 7 cm (9 x 5 x 3 po) graissé et légèrement enfariné.

5 - IMPORTANT: Laisser lever le pain aux fruits 20 minutes avant de le placer au four.

6 - Cuire au four préchauffé à 180°C (350°F) 60 minutes.

7 - Démouler et *refroidir* sur une grille à pâtisserie. Envelopper de papier aluminium ou d'une pellicule de plastique. Laisser vieillir le pain 24 heures avant de déguster en minces tranches.

Muffins au blé d'Inde de l'Ontario

Ces muffins peuvent se déguster à toute heure de la journée ou comme repas. Ils sont particulièrement pratiques pour le déjeuner express au travail, avec une boisson chaude et accompagnés de fromage, de crudités et de fruits frais. Et voilà! Un repas rapide et complet.

125 mL (1/2 tasse) de sucre blanc
50 mL (1/4 tasse) de beurre fondu ou d'huile végétale
1 gros oeuf

250 mL (1 tasse) de maïs en grains ou de blé d'Inde en épi réduit en purée

500 mL (2 tasses) de farine tout usage*
15 mL (3 c. à thé) de poudre à lever chimique
2 mL (1/2 c. à thé) de sel

1 - Réduire en crème le beurre et le sucre. Y ajouter le gros oeuf. Bien battre.

2 - Ajouter au mélange oeuf-beurre-sucre la purée de maïs en grains.

3 - Verser les ingrédients secs d'un trait et battre juste ce qu'il faut pour amalgamer les éléments.

4 - Verser l'appareil dans des moules à muffins de 6 cm (2 1/2 po) légèrement graissés. Ne remplir qu'aux 2/3.

5 - Porter au four préchauffé à 200°C (400°F). Cuire de 30 à 35 minutes.

Ces muffins à texture très humide cuisent plus lentement.

NOTE. — Délicieux encore chauds ou tièdes.

---

* Recette naturiste: Ajouter 45 mL (3 c. à table) de germe de blé et 45 mL (3 c. à table) de son naturel et retirer 30 mL (2 c. à table) de farine. On peut facilement remplacer la farine tout usage par de la farine de blé entier.

Pain santé des plaines de l'ouest canadien

30 mL (2 c. à table) de levure à pain sèche active
250 mL (1 tasse) d'eau chaude à 44°C (110°F)
5 mL (1 c. à thé) de sucre

1 L (4 tasses) de lait bouillant
80 mL (1/3 tasse) de miel*
80 mL (1/3 tasse) de mélasse noire
30 mL (2 c. à table) de sel
160 mL (2/3 tasse) d'huile végétale
3 gros oeufs

250 mL (1 tasse) de semoule de maïs (*cornmeal*)
250 mL (1 tasse) de flocons d'avoine
250 mL (1 tasse) de germe de blé
250 mL (1 tasse) de graines de tournesol décortiquées, entières ou moulues

500 mL (2 tasses) de farine de seigle (*rye*)
1 L (4 tasses) de farine de blé entier
500 mL (2 tasses) de farine tout usage

1 - Dans une tasse à mesurer, faire gonfler la levure pendant 10 minutes dans 250 mL (1 tasse) d'eau chauffée à 44°C (110°F) additionnée de 5 mL (1 c. à thé) de sucre.

2 - Au lait bouillant, ajouter le miel, la mélasse, l'huile végétale et le sel. Laisser tiédir et y battre les 3 oeufs et la levure gonflée.

3 - Incorporer la semoule de maïs au mélange liquide. Bien mélanger, puis ajouter les ingrédients dans l'ordre, en brassant bien à la cuiller de bois.

4 - Lorsque la pâte devient trop épaisse, la déposer sur une surface de travail et la pétrir pendant 15 minutes en y incorporant le reste des farines jusqu'à l'obtention d'une masse non collante.

5 - Déposer la pâte dans un bol graissé et la tourner afin de bien l'enduire de graisse, puis couvrir d'un linge ou d'une pellicule plastique. Laisser gonfler la pâte au double du volume original.

6 - Abaisser la pâte avec le poing. Couper la pâte en 4 portions.

7 - Former des pains individuels et placer les pâtons dans des moules à pains de 22 x 10 x 7 cm (9 x 5 x 3 po) bien graissés.

8 - Couvrir les pains d'un linge et laisser gonfler au moins 1 heure afin que la pâte dépasse de 2 cm (1 po) la bordure des moules.

9 - Cuire au four préchauffé à 200°C (400°F) 15 minutes, réduire la chaleur à 180°C (350°F) et continuer à cuire 45 minutes ou jusqu'à ce que les pains soient bien dorés et résonnent sourdement lorsqu'on les tape à l'envers après les avoir démoulés.

10 - Démouler et laisser refroidir sur les grilles à pâtisserie.

---

* Afin de mesurer facilement le miel liquide ou la mélasse, huiler légèrement la tasse ou les cuillers à mesurer.

Oeufs brouillés au saumon fumé de Victoria

4 gros oeufs légèrement battus + 15 mL (1 c. à table) de beurre en dés

60 mL (4 c. à table) de crème épaisse
3 tranches minces de saumon fumé, coupées en lamelles

1 oignon vert finement émincé ou de la ciboulette

1 - Battre les oeufs très légèrement. Ajouter 15 mL (1 c. à table) de beurre froid en menus dés et quelques tours de poivre du moulin.

2 - Dans un poêlon de 18 cm (7 po) de diamètre à revêtement anti-adhésif, faire fondre 15 mL (1 c. à table) de beurre doux. Lorsque le beurre est bien mousseux, chaud et encore blond, y verser les oeufs.

3 - Brouiller les oeufs sans trop les cuire. Brasser la masse d'oeufs avec une cuiller de bois très délicatement afin de «feuilleter» les oeufs.

4 - Immédiatement, ajouter la crème froide et les lamelles de saumon fumé. Brasser délicatement encore quelques tours afin de seulement lier et amalgamer le tout. (L'ajout de crème froide à demi-cuisson permet la préparation d'oeufs brouillés plus onctueux, car la crème froide arrête la cuisson.)

5 - Garnir d'oignon vert finement émincé ou d'un petit bouquet de ciboulette finement ciselé. Servir sur des toasts bien secs ou en petites brioches évidées et préalablement chauffées au four.

NOTE. — Il est toujours préférable de saler les oeufs *après* la cuisson, car le sel durcit et affecte la texture des oeufs.

Oeufs pochés au sirop d'érable du Québec

250 mL (1 tasse) de sirop d'érable du Québec ou de simili sirop d'érable maison*

4 oeufs frais entiers

1 - Dans une casserole ou un poêlon de taille moyenne, chauffer le sirop d'érable pur ou le simili sirop d'érable maison jusqu'à bonne ébullition.

2 - Casser un oeuf à la fois dans un petit bol et glisser l'oeuf dans le sirop en ébullition. Recommencer l'opération pour les autres oeufs. L'oeuf doit rester mollet et bien détaché des autres.

Servir avec du pain de campagne ou du pain grillé. Le jambon poêlé ou le bacon de dos canadien sont des accompagnements presque indispensables.

---

* Pour la recette du simili sirop d'érable maison, voir la page suivante.

Simili sirop d'érable maison*

**250 mL (1 tasse) de cassonade ou de sucre roux
250 mL (1 tasse) d'eau
15 mL (1 c. à table) de sirop de maïs ou de glucose
2 mL (1/2 c. à thé) d'essence d'érable**

1 - Dans une casserole moyenne, déposer la cassonade, l'eau et le sirop de maïs. Brasser à froid afin de faire fondre un peu le sucre. Porter à ébullition. Après le point d'ébullition, cuire le sirop 8 minutes en prenant soin de brasser avec la cuiller de bois de temps à autre.

2 - Retirer de la source de chaleur et parfumer à l'essence d'érable. Servir chaud immédiatement pour pocher les oeufs au sirop du Québec. Froid, ce sirop est délicieux pour accompagner les *Hotcakes* ou crêpes à l'américaine.

NOTE. — Truc pour la cuisine au barbecue: À une sauce aigre-douce tomatée, ajouter 80 mL (1/3 tasse) de simili sirop d'érable et quelques pointes d'ail finement émincées, et vous obtiendrez une sauce différente pour napper les travers de porc (*spareribs*) sur la braise.

Pour laquer des moitiés de canard: 1/3 tasse de simili sirop d'érable, une pincée de cinq-épices chinois, 2 cuillerées de sauce anglaise Worcestershire et le jus d'un citron. Badigeonner la volaille de cette sauce jusqu'à ce que le canard soit rosé et bien laqué ou luisant.

---

*Ce sirop remplace facilement le sirop d'érable pur pour plusieurs recettes et apprêts. Refroidi, il devient plus onctueux et épaissit légèrement.

Omelette grand-mère

4 tranches de bacon fumé
1 oignon moyen émincé
2 pommes de terre crues, coupées en dés
sel + poivre du moulin* + pointe de muscade et de sariette

8 à 10 oeufs, légèrement battus
90 mL (6 c. à table) d'eau ou de lait

1 - Dans un grand poêlon en fonte de 25 à 30 cm (10 à 12 po) de diamètre, faire fondre et rissoler les tranches de bacon coupées en morceaux.

2 - Ajouter les dés de pommes de terre crues, l'oignon émincé, le sel, le poivre, la pointe de muscade et de sariette. Couvrir et cuire jusqu'à ce que le tout soit tendre.

3 - Bien râcler le fond du poêlon et verser les oeufs battus avec l'eau ou la crème. Remuer l'appareil à la cuiller de bois sans toutefois brouiller les oeufs. Couvrir de 5 à 8 minutes et cuire jusqu'à l'obtention d'une omelette bien gonflée et moelleuse.

4 - Retirer du feu et renverser sur un plat de service placé au-dessus du poêlon. Couper en pointes. Servir chaud, tiède ou froid.

NOTE. — L'omelette grand-mère, coupée en petits carrés ou cubes froids, se sert très bien à l'heure de la collation ou du cocktail.

---

* Le poivre fraîchement moulu ou poivre du moulin parfume agréablement et subtilement les plats.

Petit jambon moutarde et marmelade

Petit jambon en conserve ou jambon précuit

**250 mL (1 tasse) de marmelade d'oranges ou d'ananas
30 mL (2 c. à table) de moutarde de Dijon
30 mL (2 c. à table) de moutarde préparée canadienne*
15 mL (1 c. à table) de vinaigre blanc ou de cidre
Quelques clous de girofle entiers**

1 - Inciser le jambon en surface en pointes de diamants. Le piquer de clous de girofle. Badigeonner du mélange marmelade-moutardes et vinaigre ou cidre.

2 - Passer au four chauffé à 190°C (375°F) jusqu'à ce que le jambon devienne bien chaud et «glacé» par la sauce aigre-douce.

3 - Servir chaud en tranches coupées en biais.

Ce jambon accompagne très bien l'omelette nature, l'omelette grand-mère, les oeufs brouillés ou sur le plat.

---

*À défaut de moutarde préparée canadienne, augmenter la quantité de moutarde de Dijon et ajouter une pointe de curcuma en poudre.

Crêpes de pommes de terre du Nouveau-Brunswick

750 mL (3 tasses) de purée de pommes de terre froide
1 petit oignon finement émincé ou de l'oignon vert émincé

1 oeuf légèrement battu
45 mL (3 c. à table) de farine tout usage
Sel, poivre du moulin, pointes de muscade et de sariette

1 - Bien malaxer la purée de pommes de terre avec l'oeuf, l'oignon, le sel, le poivre, la muscade et la sariette. Ajouter les 45 mL (3 c. à table) de farine ou plus, afin d'obtenir un appareil assez consistant.

2 - Faire fondre environ 30 mL (2 c. à table) de beurre ou moitié beurre/moitié graisse, et lorsque le gras est bien chaud, cuire les crêpes par cuillerées jusqu'à ce qu'elles soient bien dorées. Retourner à la spatule et dorer l'autre face.

Servir nature ou accompagné de sauce ou de compote de pommes fraîches.

Gâteau aux pommes panaché

Moule tubulaire de 25 cm (10 po) ou moule de 33 x 22 x 7 cm (13 x 9 x 3 po).

300 mL (1 1/4 tasse) d'huile végétale
500 mL (2 tasses) de sucre
5 mL (1 c. à thé) d'essence de vanille
3 gros oeufs

750 mL (3 tasses) de farine tout usage
1 mL (1/4 c. à thé) de coriandre sèche moulue
1 mL (1/4 c. à thé) de muscade râpée
1 mL (1/4 c. à thé) de cardamome moulue (facultatif)
2 mL (1/2 c. à thé) de cannelle moulue
5 mL (1 c. à thé) de bicarbonate de soude

6 à 8 dattes coupées en menus morceaux (facultatif)
250 mL (1 tasse) de raisins secs
250 mL (1 tasse) de pacanes ou de noix de Grenoble grossièrement hachées
750 mL (3 tasses) de pommes coupées en gros dés

1 - Tamiser ensemble farine, bicarbonate de soude, sel et épices. Prélever 125 mL (1/2 tasse) de ce mélange pour enrober les pommes, les noix, les raisins secs et les dattes.

2 - Battre en émulsion les oeufs, le sucre et l'huile végétale. Ajouter l'essence de vanille.

3 - Ajouter le mélange farine-épices, battre et y verser les pommes, les raisins secs, les noix et les dattes enfarinées. (L'appareil est très épais.)

4 - Déposer la pâte ou l'appareil dans un moule tubulaire ou rectangulaire non graissé. Bien étendre à l'aide de la spatule de caoutchouc.

5 - Cuire au four préchauffé à 180°C (350°F) environ 1 heure 20 minutes pour un moule tubulaire, et de 45 à 50 minutes pour un moule rectangulaire. Avec un moule en pyrex, il faut baisser la chaleur à 160°C (325°F).

6 - Une fois cuit, sortir le gâteau du four, le laisser dans le moule et y verser la glace chaude suivante:

Dans une petite casserole, faire fondre 45 mL (3 c. à table) de beurre + 250 mL (1 tasse) de cassonade ou de sucre brun + 60 mL (1/4 tasse) de lait + pincée de sel + 5 mL (1 c. à thé) d'essence de vanille. Porter le tout à ébullition et laisser mijoter 3 minutes.

Piquer le gâteau à l'aide des dents d'une fourchette ou d'un bâtonnet de bambou. Verser immédiatement la glace sur le gâteau encore chaud et non démoulé.

Refroidir. Démouler dans le cas du moule tubulaire ou servir directement en carrés dans le moule rectangulaire.

Le brunch aux États-Unis

Le brunch à l'américaine est des plus agréables à offrir car il reflète la variété des coutumes alimentaires des nombreuses ethnies de ce pays.

La présentation du brunch se fait sur une longue table revêtue d'une nappe à carreaux, et il prend l'allure d'une fête champêtre ou d'un pique-nique joyeux. On dispose à la mêlée un étalage gargantuesque de mets variés. On marie souvent l'aigre-doux aux aliments et le ketchup aux tomates est la sauce omniprésente sur beaucoup de tables américaines. On l'utilise même au petit déjeuner avec les oeufs sur le plat.

Les viandes sont succulentes et souvent apprêtées au barbecue. L'Américain est friand de sucre, de chocolat et de glaces à tous les parfums. Les gâteaux de toutes sortes, les *pies*, ou tartes aux fruits et baies variées ainsi que les *doughnuts*, ou beignes, font partie du quotidien.

Les boissons gazeuses sont à l'honneur. Le café moelleux est servi à toute heure. Le thé glacé au citron rafraîchit en été. Les fruits variés et succulents sont en abondance sur les tables.

AU MENU

Pichets de jus d'oranges — jus de pommes — jus de canneberges

Hotcakes ou crêpes à l'américaine
Sirop aux bleuets du Maine
Sirop aux «cotons» de blé d'Inde du Dakota du Nord

Omelette de rondelles (*pennies*) de saucisses de Francfort ou *wieners*
Oeufs frits au gras de bacon

Tranches de bacon croustillant poêlé
Tranches de bacon ou de lard fumé croquantes au four
Jambon express à l'ananas
Médaillons de chair à saucisse dorés

Hash brown potatoes (hachis de pommes de terre rissolé)

Salade de chou à la vinaigrette à la crème

Petits pains minute au babeurre de la Pennsylvanie
Johnny cake à la semoule de blé d'Inde de l'Oklahoma
Cinnamon toasts (toasts à la cannelle)
Coffee-cake aux bleuets de Boston

Café kona glacé d'Hawaï

Hotcakes ou crêpes à l'américaine

500 mL (2 tasses) de farine tout usage
5 mL (1 c. à thé) de sel
30 mL (2 c. à table) de sucre
10 mL (2 c. à thé) de poudre à lever chimique
5 mL (1 c. à thé) de bicarbonate de soude

2 oeufs très gros ou 3 oeufs moyens
325 à 500 mL (1 1/2 à 2 tasses) de babeurre (*buttermilk*)
45 mL (3 c. à table) de beurre fondu

1 - Déposer les ingrédients secs dans un bol à mélanger.

2 - Creuser une fontaine au centre et y verser les oeufs battus avec le babeurre et le beurre fondu. Bien battre l'appareil afin de le rendre homogène et de consistance fluide et légère.

3 - Utiliser immédiatement ou laisser reposer la pâte 1 heure.

4 - Chauffer une plaque à crêpes jusqu'à ce qu'une gouttelette d'eau échappée sur la plaque «danse» et sèche. Utiliser une source de chaleur moyenne/élevée.

5 - Graisser ou beurrer la plaque à l'aide d'un pinceau à pâtisserie.

Déposer la pâte à crêpes 30 mL (2 c. à table) à la fois. Cuire sur une face jusqu'à ce que les bulles crèvent en surface. Tourner et cuire encore quelques secondes. Servir immédiatement.

Congélation

Lorsque les *hotcakes* sont cuits, les envelopper et les surgeler. Au besoin, sortir du congélateur et griller, ou chauffer dans un grille-pain comme une tranche de pain.

NOTE. — Pour augmenter la valeur nutritive des *hotcakes*, ajouter de 30 à 45 mL (2 à 3 c. à table) de germe de blé et 30 mL (2 c. à table) de son naturel.

On peut aussi ajouter des bleuets frais ou surgelés, des tranches de bananes ou une purée de papaye. Cuire de la même façon.

Sirop aux bleuets du Maine

**250 mL (1 tasse) de sucre blanc
500 mL (2 tasses) d'eau
Pincée de sel**

**Jus de 1/2 citron
250 mL (1 tasse) de bleuets ou plus, frais ou surgelés**

1 - Porter à ébullition l'eau, le sucre et la pincée de sel. Laisser mijoter 5 minutes.

2 - Ajouter le filet de jus de citron et les bleuets. Cuire jusqu'à ce que les bleuets soient chauds. Écraser quelques petits fruits sur les parois de la casserole, à l'aide d'une cuiller de bois (pour donner de la couleur, ou, si désiré, ajouter 125 mL (1/2 tasse) de bleuets écrasés ou réduits en purée).

3 - Servir la sauce telle quelle ou épaissir légèrement avec 10 mL (2 c. à thé) de fécule de maïs diluée dans 50 mL (1/4 tasse) d'eau. Donner un bouillon et servir.

Sirop aux «cotons» de blé d'Inde du Dakota du Nord

Les «cotons» de blé d'Inde sont les épis de maïs débarrassés de leurs grains.

1 - Égrener 6 petits épis de maïs ou 4 gros.

2 - Cuire les «cotons» dans 1,5 L (6 tasses) d'eau ou assez pour couvrir. Porter à ébullition et laisser réduire le liquide de moitié. Couler.

3 - Mesurer le liquide réduit et ajouter la même quantité de sucre.

4 - Porter de nouveau à ébullition et cuire à feu moyen jusqu'à consistance de beau sirop de maïs doré.

5 - Servir immédiatement ou laisser refroidir et empoter. Fermer hermétiquement et réfrigérer. Se garde au moins 6 mois au réfrigérateur.

Omelette de rondelles (*pennies*) de saucisses de Francfort ou *wieners*

4 saucisses à hot-dog ou *wieners* allemands coupés en rondelles
30 mL (2 c. à table) de gras de bacon

8 oeufs légèrement battus + 125 mL (1/2 tasse) de lait ou d'eau

1 - Dans un poêlon en fonte noire de 25 cm (10 po), chauffer le gras de cuisson de bacon et faire revenir les rondelles de *wieners*.

2 - Verser les oeufs et le lait battus. Poivrer et remuer l'omelette à la cuiller de bois afin de «feuilleter» les oeufs. Laisser cuire quelques minutes. (Les Américains préfèrent en général l'omelette bien cuite.)

Servir en pointes, garnies de persil ou de salade de chou à la vinaigrette à la crème.

Oeufs frits au gras de bacon

Recette très connue mais pas toujours réussie.

Dans le gras de bacon bien chaud et bien «blond», glisser un à un des oeufs préalablement cassés dans un petit bol. Faire frire dans le gras et, à la moitié de la cuisson, déposer 15 mL (1 c. à table) de gras sur chaque oeuf.

Temps de cuisson: environ 1 minute. Égoutter les oeufs sur un papier absorbant et servir sur le plat. Accompagner de bacon bien doré et croustillant.

Tranches de bacon croustillant poêlé

1 - Piquer les tranches de bacon à la fourchette (ceci empêche le bacon de rouler).

2 - Déposer les tranches de bacon piquées dans un poêlon froid. Cuire à *feu moyen* jusqu'à ce qu'il devienne croustillant et doré. Attention: le bacon fumé a tendance à brûler.

3 - Égoutter les tranches de bacon cuites et servir immédiatement ou déposer dans un four à 100°C (200°F) à peine, quelques minutes seulement.

Tranches de bacon ou de lard fumé croquantes au four

1 - Prévoir une plaque à rebords et la surmonter d'un grillage à pâtisserie.

2 - Déposer sur le grillage des tranches de bacon ou de lard fumé que l'on aura piquées à la fourchette au préalable.

3 - Cuire au four préchauffé à 200°C (400°F), jusqu'à votre degré de cuisson préféré.

4 - Sortir le bacon du four et le déposer sur un essuie-tout. Servir très chaud et croquant.

NOTE. — Ainsi cuit, le lard fumé ne trempe pas dans son gras au moment de la cuisson. Le gras de bacon sera limpide et récupérable pour la cuisson des Oeufs sur le plat, des Petits pains au babeurre ou du *Johnnycake* à la semoule de blé de l'Oklahoma.

Jambon express à l'ananas

1 petit jambon en conserve ou précuit de 1 à 2 kg (3 à 4 lb) ou 1 steak de jambon de 4 à 5 cm (1 1/2 à 2 po) d'épaisseur

375 mL (1 1/2 tasse) d'ananas broyés, frais ou au sirop
10 mL (2 c. à thé) de moutarde sèche anglaise
125 mL (1/2 tasse) de mélasse + jus de 1 orange ou
60 mL (1/4 tasse) de jus d'ananas ou d'eau
Pointe de clou de girofle moulu

1 - Déposer le petit jambon ou le steak de jambon dans un plat allant au four. Le couvrir du mélange ananas-mélasse-moutarde.

2 - Passer au four chauffé à 190°C (375°F) et caraméliser jusqu'à ce qu'il soit bien chaud.

Servir immédiatement. (Recette excellente pour le barbecue.)

NOTE. — Toujours trancher un petit jambon précuit ou un steak de jambon sur le biais.

Médaillons de chair à saucisse dorés

On peut se procurer des rouleaux de chair à saucisse de commerce, mais la préparation maison les surpasse de beaucoup.

1/2 kg (1 lb) de porc haché + 130 g (4 oz) de lard frais ou salé haché ou en menus dés

2 tranches de pain déchiquetées
1 oignon moyen
1 pointe d'ail
175 mL (3/4 tasse) d'eau froide
Une pincée de sauge sèche moulue, de quatre-épices (*allspice*), de coriandre moulue, de sel et de poivre du moulin.

Passer au mélangeur ou au broyeur électrique l'eau, le pain, l'oignon, l'ail, les épices, la sauge, le sel et le poivre en grains. Bien broyer.

2 - Verser cette purée sur le porc haché et le lard gras. Bien malaxer avec les mains afin d'obtenir une masse de viande légère, mais consistante.

3 - Façonner en rouleaux de 5 à 7 cm (2 à 3 po) de diamètre. Refroidir et couper en médaillons ou en tranches de 1 à 2 cm (1/2 à 3/4 po) d'épaisseur.

4 - Déposer dans un poêlon «froid» et dorer les médaillons à feu moyen.

Servir nature ou à l'américaine accompagné de moutarde et de ketchup.

Hash brown potatoes
(hachis de pommes de terre rissolées)

1 - Écraser un reste de pommes de terre ou de purée de pommes de terre.

2 - Faire revenir un petit oignon dans 45 mL (3 c. à table) de gras ou de graisse. Ajouter les pommes de terre écrasées. Bien mélanger aux oignons et ajouter 15 mL (1 c. à table) de vinaigre blanc. (Le vinaigre fait «croûter» la galette de pommes de terre.)

3 - Rôtir à feu doux jusqu'à ce qu'une face soit bien «croûtée».

4 - Servir bien chaudes, une face blanche et l'autre bien dorée.

Salade de chou à la vinaigrette à la crème

1 - Émincer un chou moyen et un oignon.

2 - Ébouillanter 30 secondes. Égoutter. Saler généreusement.

Vinaigrette à la crème

Dans un pot de verre, déposer:

**1 pointe d'ail émincée
5 mL (1 c. à thé) de moutarde préparée canadienne* ou américaine
5 mL (1 c. à thé) de moutarde de Dijon
2 mL (1/2 c. à thé) de moutarde sèche anglaise
5 mL (1 c. à thé) de sucre
2 mL (1/2 c. à thé) de paprika doux de type hongrois
Sel et au moins 8 à 10 tours de poivre du moulin**

**60 mL (1/4 tasse) de vinaigre blanc ou de vin blanc à l'estragon
90 mL (6 c. à table) d'huile végétale
60 mL (1/4 tasse) de crème épaisse**

Bien agiter le tout dans le bocal fermé. Verser sur le chou émincé.

Rafraîchir la salade de chou au moins 4 à 6 heures ou préparer la veille.

---

* Voir note de la page 25.

Petits pains minute au babeurre de la Pennsylvanie

Ces petits pains exquis et rapides peuvent être dégustés, selon leur taille, soit à l'heure du petit déjeuner, du brunch, du repas du soir, ou pour le thé.

500 mL (2 tasses) de farine tout usage
5 mL (1 c. à thé) de bicarbonate de soude
10 mL (2 c. à thé) de poudre à lever chimique
2 mL (1/2 c. à thé) de sel
30 mL (2 c. à table) de sucre ou moins, au goût

80 mL (1/3 tasse) de beurre

175 mL (3/4 tasse) de babeurre (*buttermilk*)

1 - Mélanger les ingrédients secs. Couper le beurre froid à la main ou au robot culinaire.

2 - Verser le babeurre d'un trait et former une boule de pâte souple.

3 - Pétrir légèrement sur une surface enfarinée ou «fraiser», c'est-à-dire passer la boule de pâte dans un peu de farine afin qu'elle ne soit plus collante.

4 - Abaisser la pâte en un carré de 25 à 30 cm (10 à 12 po). Couper les carrés d'un trait (le mouvement avant-arrière empêche les pains de lever). Couper en 9, 12 ou 16 petits pains.

5 - Déposer sur une plaque à biscuits non graissée mais légèrement enfarinée.

6 - Cuire au four à 200°C (400°F) environ 12 minutes.

Servir chaud, tiède ou froid, à n'importe quel moment de la journée.

Johnny cake à la semoule de blé d'Inde de l'Oklahoma

175 mL (3/4 tasse) de semoule de maïs (*cornmeal*)
250 mL (1 tasse) de farine tout usage
5 mL (1 c. à thé) de sel
10 mL (2 c. à thé) de poudre à lever chimique
5 mL (1 c. à thé) de bicarbonate de soude
50 mL (1/4 tasse) de sucre

2 oeufs
125 mL (1/2 tasse) de lait
125 mL (1/2 tasse) de beurre fondu

1 - Dans un bol à mélanger, déposer les ingrédients secs. Pratiquer une fontaine au centre.

2 - Battre les oeufs avec le lait et le beurre fondu.

3 - Verser d'un trait sur les ingrédients secs. Ne pas trop brasser.

4 - Verser la pâte dans un moule carré de 20 x 20 x 5 cm (8 x 8 x 2 po) graissé (de préférence au gras de cuisson de bacon). Cuire au four à 200°C (400°F) 25 minutes ou jusqu'à l'obtention d'une belle couleur dorée. Servir chaud ou tiède en carrés. Le beurre salé ou le beurre à la cannelle sont de mise.

Cinnamon toasts
(toasts à la cannelle)

Préparation du beurre à la cannelle

Bien malaxer ensemble: 50 mL (1/4 tasse) de beurre salé ou doux + 30 mL (2 c. à table) de miel ou de sucre brun ou de cassonade + 15 mL (1 c. à table) ou moins de cannelle.

1re version

Griller des tranches de pain sur une face et tartiner de beurre à la cannelle. Passer sous le gril du four quelques secondes ou jusqu'à ce qu'elles soient chaudes.

2e version

Griller du pain en toasts et tartiner de beurre à la cannelle. Couper en bâtonnets et saupoudrer de sucre à glacer si désiré.

3e version

Tartiner des tranches de pain de beurre à la cannelle. Déposer sur une plaque à biscuits et passer au four chaud jusqu'à ce qu'elles soient bien chaudes, croquantes et odorantes à souhait.

Coffee-cake aux bleuets de Boston

● Ce *cake* qui se déguste avec un bon café peut se préparer avec des myrtilles ou des bleuets, des canneberges fraîches ou surgelées, des fraises et petits fruits de saison ainsi qu'avec de minces tranches de pommes acides.

125 mL (1/2 tasse) de beurre ou de margarine
125 mL (1/2 tasse) de sucre blanc
2 oeufs battus

450 mL (1 3/4 tasse) de farine tout usage
15 mL (3 c. à thé) de poudre à lever chimique
2 mL (1/2 c. à thé) de sel

250 mL (1 tasse) de lait
160 à 250 mL (2/3 à 1 tasse) de bleuets + 50 mL (1/4 tasse) de farine pour les enrober

50 mL (1/4 tasse) de cassonade ou de sucre brun
2 à 5 mL (1/2 à 1 c. à thé) de cannelle
5 mL (1 c. à thé) d'essence de vanille (facultatif)

1 - Battre le beurre et le sucre; ajouter les oeufs. Bien battre.

2 - Mesurer les ingrédients secs et les incorporer au mélange beurre-sucre-oeufs, en alternant avec le lait. Ajouter la vanille, si désiré.

3 - Plier les bleuets enfarinés. Ne pas trop battre. Il faut tout juste amalgamer délicatement tous les éléments.

4 - Verser la pâte dans un moule à manque ou dans un moule de 20 à 22 cm carrés (8 ou 9 po carrés) graissé et légèrement enfariné.

Saupoudrer du mélange de cannelle et de cassonade.

6 - Cuire au four à 180°C (350°F) environ 30 minutes ou jusqu'à cuisson parfaite. La pâte au centre ne doit plus être collante, mais attention à ne pas trop cuire, car le cake perd de sa saveur.

7 - Sortir du four et servir encore chaud. Couper en carrés directement du moule ou démouler sur une assiette et IMMÉDIATEMENT déposer une grille à pâtisserie sur le *cake* et tourner afin que le *cake* repose sur la grille, la face du gâteau vers le haut.

Café kona glacé d'Hawaï

625 mL (2 1/2 tasses) de café bien fort et froid
6 glaçons
50 mL (3 grosses c. à table) de glace à la noix de coco ou de glace à la vanille et d'essence de noix de coco

1 - Dans le contenant du liquéfieur, déposer le café froid, la glace à la noix de coco et les glaçons. Bien faire mousser jusqu'à ce que les glaçons fondent. Verser le liquide dans un pichet rafraîchi.

2 - Répéter l'opération jusqu'à ce que le pichet soit plein.

3 - Servir dans de longs verres contenant quelques glaçons. Prévoir un bol avec du sucre à fruits et de longues cuillers pour sucrer à volonté. Décorer d'une feuille de géranium à la rose, de menthe ou si possible d'une fleur d'hibiscus.

NOTE. — Pour rafraîchir le pichet, le placer au congélateur ou au réfrigérateur quelques heures. Au sortir à l'air ambiant, le pichet se couvrira de givre.

Viva Mexico!

Le Mexique! Pays qui ne laisse personne indifférent. Pays où les contrastes choquent le touriste qui s'y risque pour la première fois. C'est le dépaysement total.

Pays aux mille facettes qui vous offre tout à la fois. Le désert, le froid des hauts plateaux, mais aussi des terres généreuses, luxuriantes et excessives, des profusions de denrées telles que poissons, crustacés fins et fruits gorgés de soleil.

Le Mexique, pays où les habitants reflètent les paradoxes de l'environnement. On danse, on s'amuse ferme, on rit mais on souffre aussi, on pleure et on chahute avec autant de fièvre.

C'est à table que la famille resserre ses liens et se retrouve. Sa table peut être humble ou fastueuse, mais toujours pleine d'ingéniosité.

Le petit déjeuner se prend souvent à la sauvette, mais, presque à tous les coins de rues des grandes villes ou des petits *pueblos*, on retrouve des vendeurs ambulants qui, dès 3 heures du matin, vendent de la soupe aux tripes. Le *menudo*, qui ramène les esprits des fêtards, est la soupe qui «dit-on» guérit de l'anémie. Dès 4 ou 5 heures apparaissent les vendeurs de jus d'oranges et de fruits frais. À 7 heures arrivent les vendeurs de *churros* ou longs beignets frits et relevés de sucre à la cannelle. Chacun a sa clientèle fidèle à qui il procure des attentions personnelles.

Vers 10 heures, on collationne: c'est l'*almuerzo*. Comme les premiers vendeurs se sont évanouis comme par enchantement, d'autres prennent la relève et procurent les *antojitos* ou bouchées telles que *tacos*, *empanadas*, etc., cuites sur des brasiers portatifs.

À 14 heures, c'est l'heure de la *comida*, jusqu'à 16 heures. Ce repas est copieux et souvent composé de quatre, cinq et même six services.

De 18 à 20 heures, c'est l'heure de la *merienda*, ou goûter léger, composé de pains doux, de café ou d'*atole*, breuvage à base de fécule de maïs, de *masa de tortilla* (pâte à *tortilla* non cuite additionnée de lait, de sucre, d'essence de vanille, de chocolat ou de fraise). Le thé ou l'infusion à la cannelle réconforte souvent les plus démunis.

Puis vient l'heure de la *cena*, de 20 à 22 heures, qui est un souper semblable à la *comida* mais un peu plus léger.

Je vous présente ici un compromis entre l'*almuerzo* et la *comida*. On prépare ce brunch le dimanche ou les jours de fête, quand la famille a le loisir de se réunir.

Petit déjeuner ou petit brunch à la mexicaine
Première version

Au menu

Jus de fruits frais
Assiette de fruits frais du pays

Huevos revueltos a la mexicana
(oeufs brouillés à la mexicaine)

Tortillas de harina nortenas
(*tortillas* de farine de blé du Nord)

Frijoles de olla (haricots rouges en cocotte)
Frijoles refritos (purée de haricots rouges frits)

Bolillos (petits pains croûtés mexicains)

Café au lait à la cannelle

Assiette de fruits frais du pays

Sur une grande assiette ou un plateau de présentation, déposer par groupes des mangues et des petites papayes coupées en deux, des tronçons de citron vert, des tranches d'ananas bien mûr, des bâtonnets de pastèque (melon d'eau) et, en saison, des fraises fraîches.

Chaque convive se sert à son gré.

Huevos revueltos a la mexicana (oeufs brouillés à la mexicaine)

1 oignon émincé
1 petite pointe d'ail émincée
250 mL (1 tasse) de tomates en conserve, coupées, ou 1 grosse tomate blanchie et coupée en dés
1 branche de *cilantro* appelé aussi persil chinois (ou coriandre fraîche)
30 mL (2 c. à table) d'huile végétale
1 *chili jalapeno* ou *serrano* coupé en dés ou tranché
6 oeufs

1 - Chauffer 30 mL (2 c. à table) d'huile végétale et, sans brûler ou dorer, faire revenir les oignons et l'ail. Lorsqu'ils sont transparents, ajouter les *chilis* en dés ou tranchés. (Épépiner les *chilis*, car les graines blanches à l'intérieur lui confèrent beaucoup de force et de piquant. Si l'on désire un goût très relevé, trancher tout simplement le *chili* entier.) Verser les tomates en conserve ou, mieux, fraîches et en dés. Saler légèrement.

2 - Battre très peu les oeufs et verser sur les légumes cuits. Brouiller en poussant la masse avec la cuiller de bois. NE PAS TROP CUIRE. Saupoudrer les oeufs de *cilantro* frais émincé.

3 - Toujours servir la purée de haricots frits (*frijoles refritos*) en garniture ou accompagnement avec de bonnes *tortillas* de maïs ou de farine bien chaudes.

NOTE. — Un truc pour obtenir des oeufs brouillés aux légumes bien liés: ajouter une petite pincée de fromage gruyère ou de mozzarella. Le fromage fondra et attachera les oeufs.

Tortillas de harina nortenas (*tortillas* de farine de blé du Nord)

Les *tortillas* de maïs ou de farine de blé sont omniprésentes sur la table mexicaine.

Les *tortillas* de maïs (*maseca*) sont populaires à l'échelle nationale alors que les *tortillas* à la farine de blé sont une spécialité du nord du Mexique.

**750 mL (3 tasses) de farine tout usage
5 mL (1 c. à thé) de sel
5 mL (1 c. à thé) de poudre à lever chimique
30 mL (2 c. à table) de graisse végétale ou de lard à pâtisserie**

310 mL (1 1/4 tasse) d'eau chaude

1 - Dans le bac du robot culinaire, déposer les ingrédients secs. Mettre en mouvement/arrêt 3 fois.

2 - Ajouter les 30 mL (2 c. à table) de graisse froide. Mettre en mouvement/arrêt de 4 à 5 fois. Mettre en marche et verser par le goulot du bac l'eau tiède/chaude. Laisser en marche jusqu'à l'obtention d'une boule de pâte légère qui s'attache à la tige centrale du robot.

3 - «Fraiser» ou incorporer à la boule de pâte un peu de farine afin qu'elle ne soit pas collante.

4 - Couper en 16 portions. Rouler au rouleau à pâte en cercles de 10 à 12 cm (4 à 5 po) de diamètre. (Rouler les morceaux de pâte sur une surface *non enfarinée* afin d'étirer plus facilement la pâte.)

5 - Cuire sur une plaque à crêpes ou dans un poêlon à fond épais très chaud et *sans gras*. Cuire sur une face jusqu'à l'apparition de petites taches brunes. Ne cuire que sur une face car la pâte devient friable si elle est trop cuite. Envelopper les *tortillas* dans un linge humide et garder à four doux jusqu'au moment de servir.

NOTE. — Les *tortillas* cuites légèrement se congèlent très bien ou s'achètent déjà toutes préparées. Les réchauffer simplement à la vapeur.

Frijoles de olla
(haricots rouges en cocotte)

Les haricots secs sont préparés tous les jours. On utilise plusieurs variétés de haricots: *bayo*, *gordo*, etc. On peut cependant faire cette recette avec des haricots rouges (*red kidney beans*). Les haricots se préparent à l'eau, au bouillon de viande, avec une petite pièce de boeuf ou de porc que l'on mange déchiquetée dans les haricots au jus, comme une soupe. Mais les *frijoles de olla* sont à la base des fameux haricots frits (*frijoles refritos*) que l'on retrouve en garniture avec presque tous les plats: à partir du petit déjeuner avec les oeufs, avec les *antojitos* ou dans la préparation de ces derniers, ou encore pour accompagner les viandes comme par exemple un plat typique, mon préféré... la *carne asada à la tampiquena*.

500 g (1 lb) ou plus, au besoin, de haricots rouges ou de haricots noirs

Eau pour couvrir
Feuille de laurier et d'*epazote*

250 g (8 oz) ou plus de viande de porc ou de boeuf
1 oignon piqué d'un clou de girofle

1 - Couvrir les haricots d'eau et ajouter l'oignon, le laurier et l'*epazote*. (L'*epazote* se trouve chez les épiciers chinois, mexicains, haïtiens. On peut l'omettre.)

2 - Porter à ébullition et, à feu moyen, laisser MIJOTER quelques heures ou jusqu'à ce que les haricots soient bien cuits. (Au besoin, au milieu de la cuisson, ajouter un peu d'eau chaude afin de toujours maintenir une bonne quantité de bouillon.) *Ne saler qu'à la fin de la cuisson*. Le sel durcit les haricots secs et retarde la cuisson.

3 - Déguster les haricots dans des bols ou assiettes à soupe profondes avec beaucoup de bouillon et, s'il y a lieu, un peu de viande défaite à la fourchette. Garnir de *Cilantro* ou persil chinois, d'oignon haché et de laitue finement émincée.

Frijoles refritos (haricots en purée frits)

Écraser les haricots au pilon ou les réduire en purée dans le robot culinaire ou au mélangeur. *Ne pas liquéfier.*

Cuire la purée épaisse de haricots dans au moins 60 mL (1/4 tasse) d'huile bien chaude. Remuer en cercles de gauche à droite afin de faciliter l'émulsion. Continuer de cuire la purée en prenant soin de brasser constamment jusqu'à ce que l'on obtienne une belle pâte qui se détache en «rouleau» dans le fond du poêlon.

Servir bien chaud, saupoudré de fromage parmesan râpé. On peut remplacer le parmesan par le fromage *anejo* sec mexicain.

Bolillos (petits pains croûtés mexicains)

Les *bolillos* sont aux Mexicains ce que la baguette est aux français.

500 mL (2 tasses) d'eau
15 mL (1 c. à table) de sucre
15 mL (1 c. à table) de sel
60 mL (1/4 tasse) de graisse végétale

15 mL (1 c. à table) de levure sèche active

1,5 L (5 à 5 1/2 tasses) de farine tout usage ou de farine à pain

Glaçage

2 mL (1/2 c. à thé) de fécule de maïs + 125 mL (1/2 tasse) d'eau

1 - Chauffer jusqu'à 44°C (110°F) l'eau, le sucre, le sel et la graisse végétale.

2 - Verser le liquide chaud et saupoudrer de levure. Laisser gonfler (de 5 à 8 minutes). Ajouter 750 mL (3 tasses) de farine. Brasser.

3 - Ajouter le reste de la farine. Renverser la pâte et le reste de la farine qui n'est pas incorporé à la pâte. PÉTRIR avec la paume de la main au moins de 12 à 15 minutes.

4 - Déposer la pâte dans un bol graissé et couvrir d'une pellicule de plastique et d'un linge. Laisser gonfler la pâte au double du volume initial.

5 - Abaisser la pâte avec le poing. Couper la pâte en 16 morceaux.

6 - Façonner les pains en boules. Appuyer les deux index sur la pâte en laissant un espace de 2 cm (1 po) entre ceux-ci. ROULER en amincissant les extrémités. (Le *bolillo* a une forme ovale de 10 cm (4 po) de longueur et des bouts pointus.)

7 - Déposer les petits pains sur une plaque légèrement beurrée. Couvrir d'un linge et laisser gonfler au moins 35 à 40 minutes. Pratiquer une incision en surface tout le long du pain à l'aide d'une lame de couteau bien affûtée ou d'une lame de rasoir.

Brosser au pinceau à pâtisserie le dessus des pains avec le glaçage. (Porter à ébullition 125 mL (1/2 tasse) d'eau dans laquelle on a délayé 2 mL (1/2 c. à thé) de fécule de maïs. Bien brasser.)

9 - Cuire au four préchauffé à 200°C (400°F) environ 20 minutes ou jusqu'à l'obtention d'un beau doré.

On peut réchauffer les *bolillos* de 5 à 7 minutes au four à 190°C (375°F).

Brunch à la mexicaine
Deuxième version

AU MENU

Pichet de jus d'oranges
Pichet de punch aux fruits *conga*
Horchata de semillas de melon
(eau de graines de cantaloup)

Plateau de fruits frais à la mexicaine

Huevos rancheros (oeufs à la mode du fermier)

Salsa ranchera (sauce aux tomates à la fermière)
Salsa cruda (petit hachis cru de tomates)
Salsa ranchera cuite
Recaudo de jitomate (sauce tomate de base)

Sabana de carne de cerdo con huevos estilo de Nayarit (édredon de porc surmonté d'oeufs au style de l'État de Nayarit)

Mollettes con frijoles
(petits pains farcis de purée de haricots gratinés)

Postre de camotes
(dessert de patates douces caramélisées)

Panque de cafe con canela
(quatre-quarts au café et à la cannelle)

Cafe con leche (café au lait)
Cafe de olla
(café préparé en cocotte d'argile,
aux épices et au sucre brun)

Pichet de punch aux fruits

À la *Flor de Acapulco*, restaurant populaire du Zocalo, on prépare une concoction de jus de fruits frais *conga*, mais en ajoutant un oeuf cru, une banane et parfois même une larme de rhum. Cependant, la conga est traditionnellement un punch strictement aux fruits.

Pour un pichet de 64 onces, prévoir:
750 mL (3 tasses) de jus d'ananas
750 mL (3 tasses) de jus de pamplemousses
250 mL (1 tasse) de jus d'oranges
50 mL (1/4 tasse) de sirop de grenadine (ou plus, si désiré)
1 banane
Glace pilée ou concassée finement

1 - Bien liquéfier le tout au mélangeur. (Ne pas trop remplir la jarre du mélangeur; préparer plutôt ce punch en 2 ou 3 fois.)

2 - Verser le punch bien mousseux dans un pichet contenant beaucoup de glaçons.

Garnir les verres de feuilles de menthe.

Horchata de semillas de melon
(eau de graines de cantaloup)

Graines de 1 cantaloup ou plus
1/2 cantaloup en dés
Eau
Glaçons
Sucre à volonté

Éplucher le cantaloup, l'évider de ses graines et fibres. Les déposer dans la jarre du mélangeur avec 1/2 cantaloup en dés. Ajouter de l'eau pour remplir aux 3/4. Bien liquéfier. Couler le liquide dans un grand pichet contenant beaucoup d'eau et beaucoup de glaçons. Sucrer au goût. Servir très frais.

NOTE. — Ce breuvage est très reminéralisant.

Huevos rancheros
(oeufs à la mode du fermier)

Le petit déjeuner ou l'*almuerzo* typique du Mexicain et du touriste est sans hésiter la présentation des *huevos rancheros*.

Les oeufs peuvent être frits ou pochés dans la sauce tomate. La sauce varie selon les régions mais demeure toujours à base de tomates.

Pour chaque convive, compter:

**1 tortilla
2 oeufs
Sauce *ranchera* ou *recaudo* aux tomates**

Garniture: *frijoles refritos* (haricots frits) et tranches d'avocat au citron.

1 - Faire revenir la *tortilla* dans 30 mL (2 c. à table) d'huile bien chaude. Égoutter. NE PAS FRIRE LA TORTILLA.

2 - Faire frire les oeufs ou les pocher dans la sauce bien chaude. (Voir les recettes de sauces données dans les pages suivantes.)

3 - Déposer la tortilla chaude sur une assiette de présentation et la surmonter des oeufs frits ou pochés à la sauce tomate. Déposer de 30 à 45 mL (2 à 3 c. à table) de sauce *ranchera* ou de *recaudo* bien chaud sur les oeufs. Garnir de 30 à 45 mL (2 à 3 c. à table), de haricots en purée frits et de deux tranches d'avocat. Arroser d'un filet de jus de citron vert et saler.

Déguster avec de bonnes *tortillas* de maïs ou de farine de blé ou des petits pains croûtés *bolillos* bien chauds.

Salsa ranchera
(sauce aux tomates à la fermière)

Trois sauces aux tomates se retrouvent constamment sur la table mexicaine. Une sauce aux tomates et *cilantro* crue accompagne ou relève presque tous les mets: on la nomme souvent *salsa cruda* ou sauce crue. La sauce *ranchera* est aussi le même hachis de tomates, cuit rapidement et auquel on ajoute une pincée de sucre et un filet de jus de citron ou de vinaigre. Le *recaudo* est une sauce de base que l'on ajoute à un bouillon de soupe, à un riz, à des oeufs pochés aux tomates ou à certains plats de viandes en casseroles.

Salsa cruda (petit hachis cru de tomates)

2 à 3 grosses tomates blanchies et épépinées, coupées en dés
1 oignon moyen, émincé
1 pointe d'ail émincée
Feuilles de 3 branches de *cilantro* ou persil chinois hachées
45 mL (3 c. à table) de jus de citron vert
1 ou 2 *chilis jalapenos* ou *serranos* émincés
15 mL (1 c. à table) d'huile végétale

Hacher le tout en fins dés et laisser mariner au frais 30 minutes avant de servir. Saler au goût.

Salsa ranchera cuite

À la *salsa cruda*, ajouter un peu de jus de tomates, un filet de vinaigre et une pincée de sucre. Porter à ébullition et cuire quelques minutes ou jusqu'à un léger épaississement. Saler.

Recaudo de jitomate (sauce aux tomates)

375 à 500 mL (1 1/2 à 2 tasses) de tomates fraîches en morceaux ou en conserve
1 oignon moyen en dés
1 à 2 pointes d'ail émincées
30 mL (2 c. à table) de poudre de chili *ancho*
15 mL (1 c. à table) de vinaigre blanc
5 mL (1 c. à thé) de sucre
250 mL (1 tasse) d'eau ou de bouillon
Pincées de cumin et de coriandre en poudre

1 - Passer le tout en purée au mélangeur.

2 - Cuire la purée de tomates à la poudre de chili *ancho* dans 45 mL (3 c. à table) d'huile. Brasser quelques minutes en formant des cercles de gauche à droite afin de favoriser l'émulsion. Vérifier l'assaisonnement.

Sabana de carne de cerdo con huevos estilo Nayarit (édredon de porc) dans le style de l'État de Nayarit)

Par convive:

**1 côte de porc désossée et coupée en «papillon» de 2 cm (3/4 po) d'épaisseur
2 oeufs frits
Sauce *ranchera* chaude**

1 - Placer la côte de porc coupée en «papillon» (c'est-à-dire une côte désossée de 2 cm (3/4 po) d'épaisseur que l'on coupe en deux de haut en bas sans toutefois séparer les deux morceaux de viande). Ouvrir comme un livre ou un portefeuille entre deux feuilles de papier ciré ou une pellicule de plastique de 25 cm (10 po) carrés. Étendre la viande en la battant avec le maillet à viande ou le dos d'une casserole à fond épais. Amincir et aplatir jusqu'à ce que la viande forme un carré de 20 cm (8 po) environ. La viande sera très mince, d'où son appellation *sabana* ou édredon.

2 - Brosser la pièce de viande avec du jus de citron, vert de préférence.

3 - Cuire dans un grand poêlon ou une plaque à crêpes et dans 30 mL (2 c. à table) d'huile végétale très chaude. Dorer sur les deux faces, 1 minute sur chaque face.

Déposer la *sabana* sur une assiette de présentation et surmonter de deux oeufs frits. Napper les oeufs de sauce *ranchera* chaude.

Garnir de *frijoles refritos*, de tranches d'ananas bien mûr et d'un bouquet de menthe.

Molletes con frijoles
(petits pains ou *bolillos* aux haricots frits)

Couper des *bolillos* en deux. Évider légèrement et tartiner de purée de haricots frits (*frijoles refritos*). Parsemer de fromage parmesan ou de gruyère râpé et gratiner au four. Servir bien chaud accompagné d'un bon café au lait parfumé à la cannelle ou d'un chocolat chaud.

Postre de camotes
(patates douces caramélisées)

6 patates douces jaunes ou blanches (de type *yams*)
250 mL (1 tasse) de cassonade
80 mL (1/3 tasse) d'eau
1 bâton de cannelle naturelle

1 - Peler les patates douces et les couper en 4 ou en gros tronçons.

2 - Les déposer dans une casserole assez large afin de disposer les morceaux de patates douces en une seule couche. Saupoudrer de cassonade et de cannelle. Verser l'eau. Couvrir hermétiquement.

3 - Mijoter lentement jusqu'à ce que les patates soient bien cuites et caramélisées au parfum de cannelle. NE PAS CUIRE TROP VITE OU SUR UNE SOURCE DE CHALEUR TROP FORTE.

4 - Servir les *camotes enmielados* (patates douces au caramel) très froides et, si désiré, accompagnées d'un peu de crème fraîche (recette donnée dans le Brunch à la française) ou de crème légère.

Panque de cafe y canela
(quatre-quarts au café et à la cannelle)

Les Mexicains sont friands de petits pains doux à la levure de boulanger ou à la levure chimique. Il faut aller dans les *panaderias* de chaque quartier le matin très tôt ou de 17 heures à 18 heures pour humer et voir des monticules de pain plus odorants les uns que les autres.

60 mL (1/4 tasse) de beurre
125 mL (1/2 tasse) de sucre
1 oeuf

80 mL (1/3 tasse) de café très fort
80 mL (1/3 tasse) de crème légère ou de lait évaporé
2 mL (1/2 c. à thé) d'essence de vanille

375 mL (1 1/2 tasse) de farine
10 mL (2 c. à thé) de poudre à lever chimique
1 mL (1/4 c. à thé) de sel

Garniture:

60 mL (1/4 tasse) de sucre + 5 mL (1 c. à thé) de cannelle.

1 - Réduire en crème le beurre, le sucre et l'oeuf.

2 - Incorporer en 3 fois les ingrédients secs tamisés en alternant avec les liquides mélangés. NE PAS TROP BATTRE.

3 - Déposer l'appareil à *cake* dans un moule à pain HUILÉ DE 22 x 10 x 7 cm (9 x 5 x 3 po). Saupoudrer de sucre à la cannelle en pratiquant une «fente au centre» du *cake* (avec le dos de la cuiller de bois ou une spatule à pâtisserie, abaisser la pâte tout le long du gâteau au centre).

4 - Cuire au four à 190°C (375°F) environ 35 minutes.

5 - Sortir du four et démouler sur un grillage. Servir tiède ou froid, de préférence la même journée.

Petits matins bulgares

Du soleil et un firmament d'un bleu si clair qu'il vous éblouit. Une odeur persistante de roses et une musique tzigane si envoûtante que l'on s'éternise à boire son Xième café bien corsé, pour finalement déguster ce qu'il reste d'un yogourt onctueux et crémeux, sans oublier les fruits frais transparents de soleil, prêts à éclater.

Le matin, on vous sourit largement, on porte une petite fleur à la boutonnière et on a le geste généreux. On vous offre des fleurs et des fruits fraîchement cueillis dans le potager familial. On veut que vous reveniez... Mais où ça? En Bulgarie, évidemment.

Les vestiges des Thraces, Celtes ou Turcs se retrouvent dans l'architecture, dans les villes comme Sofia ou Plovdiv qui abritent un des plus merveilleux musées d'archéologie au monde et aussi dans ce qu'il y a de plus usuel et quotidien, la nourriture des Bulgares. Des mets qui rappellent Omar Khayam ou la Grèce, si proche en us et coutumes.

Les petits déjeuners de ce peuple robuste, altier et qui fournit sa grosse part de centenaires consistent toujours en une portion de yogourt nature à base de lait de buffle et de fruits frais, tels que raisins rouges, vert-doré ou noirs, abricots, poires, melons de toutes sortes, figues, nèfles et j'en passe. Les nectars de fruits frais sont embouteillés et se boivent à toute heure de la journée et souvent au petit déjeuner.

Des viandes grillées ou séchées et des saucisses maison grillées accompagnent les oeufs, les pommes de terre rissolées ou en galettes ou une salade de légumineuses telles que pois chiches ou pois blancs à la vinaigrette.

Les pains et les pâtisseries de Bulgarie reflètent l'influence grecque, russe, roumaine et moyenne-orientale. Le pain des *méhanas* offre une mie tendre et mi-sucrée. La *banitza*, pâtisserie à base de fromage blanc et d'oeuf en pâte de filo, est le délice des tables des jours de fête. Les marmelades et confitures à la tomate rouge ou verte et aux citrons, la marmelade d'abricots et la fameuse confiture d'églantiers sont omniprésentes tous les matins, pour tartiner le pain nature ou grillé.

Le café se boit très corsé, filtre ou à la turque. Le thé noir ou vert se boit très fort avec de la menthe et bien sucré.

AU MENU

Nectars d'abricots ou de poires

Yogourt nature aux fruits frais

***Petcheno* siréné**
(tartinade de fromage blanc au paprika)

Saucisse maison de type *kebapcheta*

Miche de pain du *méhana*

***Banitza* au fromage**
(roulé en escargot au fromage)

Café turc — Café au lait — Thé à la menthe sucré

Nectars d'abricots ou de poires

Les nectars d'abricots, de poires et de fruits variés se rencontrent en emballages de carton ou en bouteilles. On peut préparer les nectars de fruits naturels tout simplement en passant les fruits en centrifugeur.

Yogourt nature aux fruits frais

Par personne:

**125 mL (1/2 tasse) de yogourt nature de consistance épaisse
15 mL (1 c. à table) de miel de fleur d'oranger ou de confitures
1 abricot ou des raisins verts ou 1/2 pomme coupée en dés
4 noix de Grenoble
Pétales de rose rouge ou rose**

Préparer le yogourt en y incorporant les ingrédients par ordre. Décorer de 1 ou 2 pétales de roses.

NOTE. — À ce yogourt, on peut ajouter 30 mL (2 c. à table) de semoule de *sarrazin* cuite (*kasha*).

Petcheno siréné
(tartinade de fromage blanc au paprika)

90 g (3 oz) de fromage à la crème
180 g (6 oz) de fromage feta ou *karshkaval* bulgare
30 g (1 oz) de beurre)
15 mL (1 c. à table) de paprika doux hongrois
5 mL (1 c. à thé) de graines de carvi écrasées (*caraway seeds*)

Malaxer le tout et tartiner sur des tranches de pain épaisses et grillées.

NOTE. — Aussi idéal pour tartiner des canapés aux radis roses ou pour farcir des petits poivrons rouges ou verts en guise de hors-d'oeuvre. Réfrigérer les poivrons farcis de fromage et trancher mince. Servir sur un lit de laitue accompagné de toasts melba maison.

Saucisses maison de type *kebapcheta*

500 g (1 lb) de boeuf haché
500 g (1 lb) d'agneau haché
500 g (1 lb) de porc haché

Dans le contenant du liquéfieur, déposer:

375 mL (1 1/2 tasse) d'eau
2 tranches de pain de blé entier ou de seigle, déchiquetées
1 oignon et 2 pointes d'ail
6 branches de menthe fraîche ou 20 à 25 mL (1 1/2 c. à table) de menthe sèche
5 branches de persil frais
3 branches de thym frais et de marjolaine ou pincées d'herbes séchées
12 grains de poivre entiers
30 mL (2 c. à table) de sel (au moins)
5 mL (1 c. à thé) de paprika doux hongrois, de cumin et de coriandre en poudre

1 - Passer le tout au liquéfieur (sauf les viandes qui seront en attente dans un grand bac à mélanger). Verser la purée sur les viandes hachées.

2 - Bien malaxer toutes les viandes et incorporer la purée assaisonnée. La masse de viandes doit devenir souple et malléable.

3 - Former en petites saucisses de 8 sur 3 cm (3 sur 1 1/2 po). Griller dans une sauteuse ou sur une plaque épaisse et très chaude.

4 - Servir les *kebapchetas* accompagnés d'oeufs frits, en omelette ou brouillés, de pommes de terre rissolées ou en salade. La salade de haricots blancs secs en vinaigrette est presque indispensable. Bien persiller la vinaigrette pour les haricots blancs cuits et laisser «reposer» au moins 6 heures avant de déguster. Quelques tranches de tomates bien mûres ou une rosace formée avec la mince pelure d'une tomate bien à point.

NOTE. — Les *kebapchetas* bulgares que l'on sert dans les *méhanas* (restaurants de type campagnard que l'on retrouve en bordure de toutes les villes sur le littoral de la mer Noire ou à l'intérieur du pays) sont servies plus épaisses. Les saucisses *kebapchetas* mesurent 13 sur 6 cm (5 sur 2 1/2 po). Elles sont toujours grillées de préférence sur un feu de charbon de bois ou sur des grilles au gaz.

Cette recette fut enseignée lors de ma série d'été à la chaîne CFTM-TV à Montréal en 1982. Je l'enseigne aussi lors des cours sur la cuisine au barbecue, entre autres à l'Institut national des viandes du Québec.

Miche de pain du *méhana*

30 mL (2 c. à table) ou 2 enveloppes de levure sèche active
550 mL (2 1/4 tasses) d'eau chauffée à 45°C (110°F)
185 mL (3/4 tasse) de lait écrémé en poudre
45 mL (3 c. à table) de sucre
10 mL (2 c. à thé) de sel
2 oeufs légèrement battus
45 mL (3 c. à table) d'huile de maïs ou de tournesol
1,5 L (6 à 6 1/2 tasses) de farine tout usage ou de farine à pain

Dorure:

1 oeuf battu + 30 mL (2 c. à table) d'eau

1 - Saupoudrer la levure sèche sur l'eau chaude; brasser jusqu'à dissolution.

2 - Ajouter le lait en poudre, le sucre, le sel, l'huile végétale, les 2 oeufs battus et 2 tasses de farine. Bien battre jusqu'à l'obtention d'un mélange homogène.

3 - Incorporer le reste de la farine. Pétrir de 8 à 10 minutes.

4 - Couvrir la pâte et laisser gonfler sur la planche de travail 20 minutes.

5 - Couper la pâte en 3 portions. Former des cercles de 22 cm (9 po). Déposer les miches de pain sur des plaques à biscuits et *réfrigérer* de 2 à 24 heures.

6 - Au moment de cuire, préchauffer le four à 190°C (375°F) et brosser le dessus des pains de dorure. Piquer les pains avec les dents d'une fourchette. Cuire de 30 à 40 minutes ou jusqu'à ce que les pains soient bien dorés.

Banitza au fromage
(roulé en escargot au fromage)

Les feuilles de *filo* ou *phillo* se retrouvent dans toutes les épiceries de spécialités moyenne-orientales.

Feuilles de *filo*
Beurre fondu

Appareil au fromage

2 oeufs
100 g (4 onces) de fromage *Karshkaval* bulgare ou feta grec
25 mL (1 once) de beurre fondu
45 mL (3 c. à table) de sucre
30 mL (2 c. à table) de raisins de Corinthe (facultatif)
Zeste râpé d'une orange
1 c. à thé de cardamome en poudre

Bien rendre homogène l'appareil au fromage.

Roulé à la pâte filo

Brosser la surface de travail de beurre fondu. Déposer 2 feuilles de *filo*; brosser légèrement de beurre fondu et ajouter une troisième feuille de *filo*. Y déposer l'appareil au fromage en surface en laissant un espace libre de 2,5 cm (1 po) tout le tour. (Utiliser 1/3 de l'appareil.)

1 - Rouler et, à chaque tour, brosser le rouleau de beurre fondu.

2 - Tenir l'extrémité droite du rouleau et l'enrouler de droite à gauche en mouvement «escargot ou tortillon».
Déposer le roulé dans une petite assiette en aluminium de 13 cm (5 po).

3 - Cuire au four chauffé à 190°C (375°F) de 25 à 30 minutes ou jusqu'à ce que ce soit doré et bien cuit.

4 - Sortir du four et servir tiède.

Rendement: donne 3 *banitzas*.

Doux matins de Corfou

Doux matins de Corfou. Corfou, mêlée aux Ioniennes baignant dans une mer si douce et si calme. Le climat des îles du sud de la Grèce est un climat privilégié par... les dieux.

La caractère du paysage, des constructions est à l'égal de son peuple, c'est-à-dire introuvable nulle part ailleurs. Le passé et l'histoire des Hellènes s'accrochent à eux. Qu'il s'agisse d'un insulaire aux yeux bleus de l'île d'Andros ou des citadins aux yeux noirs et brillants comme des charbons ardents d'Athènes, tous sont unanimes dans leur générosité, leur charme désarmant et leur gaieté communicative.

La nourriture est méridionale, haute en couleurs et en saveurs. On offre encore, même dans les grands centres, des fours communautaires où l'on fait mijoter lentement des plats mitonnés dans des casserole de terre cuite. Les pains sont délicieux, délicats, ou à texture très serrée et ferme. Les pâtisseries sont très douces, au miel, aux pignons, aux amandes et aux noix. La cannelle et la cardamome flattent l'odorat.

Le Grec aime grignoter quelques amandes, graines de tournesol ou graines de pastèque séchées et rôties en travaillant ou en s'amusant. Les cafés-terrasses abondent de gens qui dégustent une pâtisserie en causant et en buvant le café à la turque ou à la cardamome.

Les familles et leurs ribambelles d'enfants joyeux fréquentent souvent les *tavernas* à l'heure du souper, vers 20 heures. On mange avec grand plaisir les spécialités grecques telles que maman les préparerait si elle était à la maison et l'on se gave de la musique endiablée des *sirtakis*.

AU MENU

Jus ou nectars de fruits frais
Ravier glacé de grappes de raisins noirs et verts
Demi-pêche nappée de yogourt et de pignons

Spanakopita (soufflé aux épinards en pâte de *filo*)
Soudzoukakia (petites saucisses de Smyrne)

Pain aux oeufs et aux graines de sésame

Koulourakia
(petits biscuits ou gateaux secs au beurre)

Rosat ou confit de pétales de roses
Café au lait

Spanakopita
(soufflé aux épinards en pâte de *filo*)

500 g (1 lb) d'épinards frais blanchis ou 1 boîte d'épinards surgelés
250 mL (1 tasse) de fromage cottage ou *ricotta*
150 g (6 oz) de fromage grec *feta*
45 mL (3 c. à table) de fromage parmesan
4 gros oeufs entiers
Sel + 6 tours de moulin à poivre
6 branches de persil
Facultatif: 1 bouquet d'aneth ou de fenouil ou 4 grains d'anis écrasés

12 feuilles de *filo*
Beurre fondu

1 - Dans le bac du robot culinaire, déposer les épinards frais blanchis ou la boîte d'épinards surgelés, le fromage cottage, le fromage *feta*, le fromage parmesan, le sel, le poivre, les branches de persil et, si désiré, les branches de fenouil ou d'aneth frais ou les graines d'anis écrasées (si vous servez le *spanakopita* accompagné de saucisses de Smyrne à l'anis, omettre l'anis dans le soufflé aux épinards). Mettre en marche/arrêt 7 fois ou jusqu'à l'obtention d'un mélange bien homogène mais non liquide.

2 - Dans un plat allant au four de 13 x 25 cm (5 1/2 x 9 po), habiller le fond du moule en déposant 2 grandes feuilles de *filo* en les faisant chevaucher un peu et en prenant soin de laisser dépasser assez de pâte à l'extérieur du moule. Beurrer ou brosser de beurre fondu les feuilles de *filo*. Superposer de 2 autres feuilles beurrées et de 2 autres (6). VERSER l'appareil aux épinards et couvrir des 6 autres feuilles de *filo* en les brossant de beurre fondu. Plier et replier vers le centre du soufflé les feuilles qui dépassent du moule et pincer la pâte en bordure.

3 - COUPER la pâte en surface, en carrés ou en losanges indiquant les portions.

4 - Cuire au four à 190°C (375°F) de 35 à 45 minutes. Reposer 10 minutes. Servir encore chaud, tiède ou même froid. Servir seul ou accompagné de petites saucisses de Smyrne nature ou à la sauce tomatée.

Soudzoukakia (petites saucisses de Smyrne)

125 à 185 mL (de 1/2 à 3/4 tasse) d'eau + 1 gros oeuf entier
2 tranches de pain, déchiquetées
1 pointe d'ail
1 petit oignon
Sel + poivre du moulin
1 mL (1/4 c. à thé) de cumin en poudre ou en grains
6 grains d'anis écrasés

500 g (1 lb) de boeuf haché

1 - Dans le contenant du mélangeur, déposer l'eau, l'oeuf, le pain en morceaux, l'ail, l'oignon, le sel, le poivre, le cumin et les graines d'anis écrasées. Réduire en purée.

2 - Verser cette purée assaisonnée sur 500 g (1 lb) de boeuf haché. Bien mélanger avec les mains jusqu'à l'obtention d'une belle masse de viande souple et malléable.

3 - Façonner en petites saucisses de 2 x 6 cm (3/4 x 3 po). Rissoler les saucisses dans 30 mL (2 c. à table) d'huile d'olive bien chaude. (Si désiré, parfumer l'huile d'un grain d'anis.) Cuire jusqu'à ce qu'elles soient bien dorées. Servir nature ou nappées de sauce tomatée relevée d'un tout petit peu de menthe fraîche ou sèche.

Pain aux oeufs et aux graines de sésame

30 mL (2 c. à table) ou 2 enveloppes de levure sèche active
250 mL (1 tasse) d'eau chauffée à 44°C (110°F)
5 mL (1 c. à thé) de sucre

1 boîte de 325 mL (13 oz) de lait évaporé
45 mL (3 c. à table) de sucre blanc
75 mL (5 c. à table) de beurre
5 mL (1 c. à thé) de sel

2 gros oeufs légèrement battus

1,5 L ou plus (6 à 6 1/2 tasses) de farine tout usage

Dorure:

1 oeuf + 30 mL (2 c. à table) d'eau + 15 mL (1 c. à table) de graines de sésame

1 - Saupoudrer la levure sèche sur les 250 mL (1 tasse) d'eau chauffée à 44°C (110°F) et ajouter 5 mL (1 c. à thé) de sucre. Laisser gonfler 10 minutes.

2 - Chauffer le lait évaporé, les 45 mL (3 c. à table) de sucre, le sel et le beurre. Laisser tiédir le liquide à 44°C (110°F).

3 - Ajouter la levure gonflée et les 2 oeufs battus au mélange liquide tiédi. Incorporer la moitié de la farine. Bien battre. Terminer d'incorporer le reste de la farine.

4 - Pétrir au moins 10 minutes sur une surface de travail enfarinée, jusqu'à l'obtention d'une boule de pâte lisse et non collante.

5 - Déposer la pâte dans un bol graissé. Bien enrober la boule de pâte de corps gras. Couvrir d'un linge ou d'une pellicule plastique. Laisser gonfler au double du volume initial.

6 - Abaisser la pâte gonflée avec le poing. Couper la pâte en 2 portions. Façonner en disques ou en cylindres sur une surface de travail graissée et saupoudrée de graines de sésame.

7 - Déposer les pains sur une plaque à pâtisserie graissée et légèrement enfarinée. Couvrir d'un linge et laisser gonfler les pains environ 40 minutes ou jusqu'à ce qu'ils doublent de volume.

8 - Brosser les pains de dorure et saupoudrer encore d'un peu de graines de sésame. Porter au four préchauffé à 190°C (375°F) et cuire de 35 à 40 minutes. Le pain doit être d'une belle couleur dorée.

Koulourakia (petits biscuits ou gâteaux secs au beurre)

185 mL (3/4 tasse) de beurre
185 mL (3/4 tasse) de sucre blanc fin
2 gros oeufs
10 mL (2 c. à thé) d'essence de vanille
Zeste râpé d'une grosse orange ou 15 mL (1 c. à table) de fleur d'oranger

750 mL (3 tasses) de farine tout usage
10 mL (2 c. à thé) de poudre à lever chimique
Pincée de sel

Dorure:

1 oeuf + 15 mL (1 c. à table) d'eau froide
Graines de sésame

1 - Dans le bac du robot culinaire, déposer le beurre et le sucre. Réduire en pommade. Ensuite, ajouter les oeufs. Faire mousser jusqu'à ce que le sucre disparaisse de la pommade. Ajouter le zeste d'orange et l'essence de vanille.

2 - Incorporer la farine, la poudre à lever chimique et le sel. La pâte sera très ferme.

3 - Déposer la pâte sur une surface de travail enfarinée et «fraiser» ou incorporer un peu de farine très délicatement, afin que la pâte ne demeure pas collante.

4 - Façonner la pâte en petits anneaux. Une méthode moins orthodoxe mais plus facile et rapide: abaisser la pâte au rouleau à pâtisserie à au moins 1 cm (1/2 po) d'épaisseur. Couper à l'emporte-pièce en anneau ou en forme de marguerite.

5 - Étendre la dorure au pinceau à pâtisserie sur les gâteaux secs et saupoudrer de graines de sésame. (Dorure: battre à la fourchette l'oeuf et l'eau froide.)

6 - Déposer les petits gâteaux secs sur une plaque *non graissée* et cuire au four à 180°C (350°F) de 10 à 12 minutes ou jusqu'à ce qu'ils soient légèrement colorés à la base.

Rendement — 60 petits biscuits ou gâteaux secs.

Laisser refroidir sur un grillage à pâtisserie et conserver ensuite dans une boîte métallique.

Ces petits gâteaux sont **délicieux** dégustés avec un bon café turc ou un café au lait **auquel** vous ajoutez une larme de brandy grec, ou tout **simplement** avec un thé bien corsé additionné d'un peu de **menthe fraîche**.

Rosat ou confit de pétales de roses

Cette recette est préparée avec du sucre blanc. Si l'on désire une recette à base de miel, préparer un sirop de base avec 750 mL (3 tasses) de miel d'abeilles et 500 mL (2 tasses) d'eau. Cuire le sirop 10 minutes et procéder comme suit:

Recette de rosat à base de sirop au sucre blanc

1,5 L (6 tasses) de sucre
750 mL (3 tasses) d'eau

18 petites roses rouges et roses

4 citrons

1 - Mélanger le sucre et l'eau. Cuire le sirop 20 minutes ou jusqu'à l'obtention d'un sirop légèrement épaissi.

2 - Retirer les pétales de chaque rose et couper la petite pointe blanche ou plus claire (celle-ci confère un goût amer au confit). Couvrir d'eau bouillante en pressant les pétales avec une cuiller de bois. Tremper au moins 3 heures ou toute la nuit.

3 - Lorsque le sirop est à point et bien bouillant, y verser les pétales de roses et le jus d'infusion. Cuire de 25 à 30 minutes ou jusqu'à ce qu'il devienne transparent. Ajouter un long zeste de citron très mince et le jus de 4 citrons. Cuire au moins 15 minutes de plus ou jusqu'au point de «gelée», 103°C (218°F).

4 - Lorsque le confit ou rosat est de consistance épaisse, le déposer dans des petits pots à marmelade stérilisés. Bien sceller. Garder de préférence au frais ou au fond du réfrigérateur.

5 - Servir le rosat ou confit de pétales de roses dans une petite soucoupe, accompagné d'un grand verre d'eau.

Le brunch à la française

La France, berceau de la cuisine classique la plus raffinée au monde et la plus internationalement reconnue. Ses chefs de cuisine ont le sens de la mise en scène, le génie de la composition alchimique et le panache des grands de ce monde.

Connaître et aimer la France, c'est avant tout s'aventurer à visiter tous les plis et replis des grands centres tels que Paris ou Lyon, mais aussi connaître «l'arrière-pays» et toutes ses régions. C'est découvrir toutes les facettes, us et coutumes du quotidien de ces gens et savourer les spécialités régionales, toujours préparées avec beaucoup de technique, de sens pratique et un grand respect de l'art culinaire dans son essence même.

En France, avant de déguster un plat, on en parle, on le prépare, on le mijote avec amour, on compare les recettes et puis c'est l'apothéose quasi divine, moment si attendu de la délectation. La cuisine des grands jours n'est pas affaire de précipitation. Tout devient cérémonial.

Le Français est un gourmet de premier ordre et fin connaisseur. Il aime raconter ses agapes et les faire partager.

AU MENU

**Demi-melon charentais aux petits fruits,
sur socle de glace**

Radis-beurre

**Omelette de la Mère Michel
Crème fraîche maison**

Saucisson en croûte

Pruneaux secs à l'eau-de-vie à la Gasconne

**Brioches et baguettes du boulanger
Confiture de coings de commerce**

Café au lait à la chicorée

Demi-melon charentais aux petits fruits sur socle de glace

1 - Couper un ou des petits melons des Charentes (petit melon à chair bien rouge et à écorce verte) ou des petits cantaloups bien à point. Retirer les graines (les réserver pour une eau de graines de melon — voir le menu Viva Mexico).

2 - Remplir la cavité de petits fruits tels que myrtilles ou bleuets, groseilles à maquereaux, framboises, fraises, mûres (hors saison, on remplacera par une garniture de raisins rouges, noirs et verts épépinés). Sucrer à volonté. Si désiré, ajouter une larme de Pineau des Charentes. Faire refroidir.

3 - Servir le melon sur glace. Dans des bols transparents à salade ou des assiettes creuses à soupe, déposer un fond ou un socle de glace concassée et bien pilée. Tasser. Déposer le melon préparé. Garnir de feuilles de menthe fraîche, de mélisse ou de géranium rose.

Radis-beurre

1 - Se procurer de préférence des petits radis rose et blanc à forme allongée. Garder une partie du pédoncule vert afin de faciliter la dégustation.

2 - Disposer tout simplement les beaux radis bien lavés dans un ravier et accompagner d'une grosse motte de beurre doux ou demi-sel.

3 - Comment déguster les radis-beurre: Avec la lame d'un couteau, déposer un petit morceau de beurre frais et croquer à belles dents, en tenant le radis par la tige verte. Au goût, passer le radis dans du gros sel. Les radis-beurre s'accompagnent toujours de baguettes ou de ficelles de pain bien croustillant.

Omelette de la Mère Michel

Au mont Saint-Michel, tout en dégustant un bon bol de cidre, on se régale d'une spécialité qui maintenant a fait le tour du monde... l'omelette si renommée.

Personne ou presque personne à ce jour n'a totalement eu le secret des ingrédients de la composition de la fameuse omelette de la Mère Michel. Les oeufs ou l'appareil étant déjà préparés en cuisine, on la cuit en salle sans pour autant vous en dévoiler «le secret». Chacun y va de son cru pour énumérer les ingrédients du plat. Mais souvent nous oublions aussi la simplicité de cette préparation. Le secret... mon ou notre secret? Peut-être... 2 ou 3 cuillerées de crème fraîche dont voici la recette avant de procéder à la préparation de l'omelette.

Crème fraîche maison

250 mL (1 tasse) de crème épaisse et 15 mL (1 c. à table) de babeurre (*buttermilk*).

Déposer les ingrédients dans un pot de verre, fermer hermétiquement et agiter le tout. Laisser reposer et «fermenter» à la température de la pièce au moins 8 heures ou jusqu'à belle consistance épaisse et onctueuse. Réfrigérer. Se garde au moins 10 jours.

Utile pour toute sauce crème. Déguster aussi en dessert sur des fruits.

Omelette de la Mère Michel

8 oeufs entiers + 2 jaunes d'oeufs
45 mL (3 c. à table) de crème fraîche

30 à 45 mL (2 à 3 c. à table) de beurre demi-sel
Poivre du moulin (6 à 8 tours généreux)

1 - Battre l'appareil à omelette avec le «balai» à omelette ou le fouet léger en bambou.

2 - Verser dans une poêle spéciale à omelettes de 25 cm (10 po) ou en deux portions dans un poêlon de 15 à 18 cm (6 à 7 po) contenant au moins 30 à 45 mL (2 à 3 c. à table) de beurre bien chaud et mousseux.

3 - Secouer la poêle de droite à gauche en mouvement de cercle. Répéter l'opération tout le temps de la cuisson. L'omelette doit être «feuilletée» et encore baveuse.

4 - Plier vers le centre la partie de l'omelette opposée à la queue du poêlon; au-dessus de l'assiette de présentation, terminer de plier l'omelette en la roulant (elle est donc pliée en 3, la face bombée est sur le dessus).

Saucisson en croûte

Prévoir un ou des saucissons français à l'ail. Dans le Mâconnais, on utilise le «Jésus» bien dodu et odorant. À défaut de saucisson français, on peut utiliser une bonne saucisse *kielbasa* polonaise ou la *krakowska* comme on la prépare si bien dans le Nord.

La croûte n'est pas exécutée en pâte brioche, mais en pâte brisée minute. De la pâte feuilletée surgelée donne aussi un bon rendement.

Pâte brisée minute au robot culinaire

**375 mL (1 1/2 tasse) de farine tout usage
5 mL (1 c. à thé) de sel
5 mL (1 c. à thé) de poudre à lever chimique
Pointe de couteau de poudre de cari**

**45 mL (3 c. à table) de beurre froid
45 mL (3 c. à table) de graisse végétale**

**60 mL (1/4 tasse) d'eau + 15 mL (1 c. à table) de jus de citron ou de vinaigre blanc
Moutarde de Dijon — Beurre mou — Dorure**

1 - Dans le bac du robot, déposer la farine, le sel, la poudre à lever chimique et la poudre de cari. Mettre en mouvement/arrêt 5 fois.

2 - Déposer le beurre et la graisse végétale sur la farine. Encore un mouvement/arrêt 5 fois. Mettre en MARCHE et verser en filet dans l'ouverture du bac l'eau et le jus de citron. Laisser en marche (quelques secondes) jusqu'à l'obtention d'une boule de pâte légère qui s'attache à la tige centrale du robot.

3 - Retirer la pâte et la «fraiser» ou incorporer un peu de farine sur une surface enfarinée afin que la pâte ne colle plus.

4 - Rouler le pâton en un rectangle de 40 cm (15 po) de longueur ou deux de 20 cm (8 po). La pâte doit être assez épaisse pour donner une bonne couverture au saucisson. Beurrer la pâte et badigeonner de moutarde de Dijon ou téméraire.

5 - Déposer le saucisson sur le rectangle et fermer en enveloppe. (Le saucisson aura été préalablement blanchi ou poché à l'eau quelques minutes. Fendre la peau et envelopper de pâte.) Bien sceller et badigeonner à la dorure. (1 oeuf battu et 30 mL (2 c. à table) d'eau.)

6 - Déposer sur une plaque graissée ou beurrée et cuire au four à 190°C (375°F) 45 minutes ou jusqu'à ce qu'il soit bien doré et cuit. Laisser tiédir ou refroidir complètement et servir sur une planche à pain et trancher. Garnir de fines herbes fraîches, de persil et de cresson. Prévoir un pot ou des pots de moutardes variées.

Pruneaux secs à l'eau-de-vie à la Gasconne

1 L (2 lb) de beaux gros pruneaux secs

Eau-de-vie blanche neutre ou armagnac ou cognac

1 - Ébouillanter les pruneaux secs 1 minute. Égoutter.

2 - Les déposer dans un bocal d'au moins 1 L (4 tasses) (de type maison ou à épingle). Les couvrir d'eau-de-vie ou, au choix, d'armagnac, de cognac ou moitié eau-de-vie et moitié cognac ou armagnac. Fermer hermétiquement.

3 - Laisser gonfler et macérer au moins 8 jours dans un endroit très frais ou au réfrigérateur.

4 - Servir à la température de la pièce avec de la crème fraîche ou nature.

NOTE. — Version économique: tremper les pruneaux dans du sherry ou du madère.

Café au lait à la chicorée

Préparer un café triple force et ajouter de 5 à 10 mL (1 à 2 c. à thé) de chicorée moulue sèche par 250 mL (1 tasse) d'eau.

Verser, dans un bol ou une grande tasse à café, moitié lait/moitié café. (Verser le lait chaud de la main gauche et le café de la main droite et d'assez haut au-dessus de la tasse pour bien faire mousser le café fort.)

Le *breakfast* anglais

Le savoir-vivre anglais est difficile à surpasser. Même dans le tohu-bohu de l'heure actuelle, l'Anglais a gardé ses habitudes rituelles vis-à-vis de sa table et du thé de cinq heures.

Il est faux de prétendre que la cuisine anglaise est sans saveur. Les vestiges de colonies en pays étrangers comme les Indes, la Barbade ou l'Afrique offrent des spécialités dans lesquelles la pointe d'exotisme ou d'originalité relève les plats les plus simples et leur donne du caractère.

Ainsi, dès le saut du lit, l'Anglais prend un premier petit déjeuner qui consiste en un toast bien sec à la confiture et une bonne tasse de thé bouillant.

Tard dans la matinée, il déguste le *breakfast* copieux que l'on reconnaît à la Grande-Bretagne.

Il est très avantageux et apprécié de recevoir pour le brunch en suivant ce menu de *breakfast* anglais. Il est aussi idéal à l'heure du barbecue sur la terrasse.

AU MENU

Pamplemousse grillé au rhum

***Toad-in-a-hole* (flan anglais aux saucisses)**
Hareng fumé et oeufs brouillés sur toasts

***Mixed grill* anglais**

Scones anglais
Galettes ou scones écossais au four
Confitures et marmelades d'Angleterre et d'Écosse
Toasts bien secs servis sur porte-toasts

Thé noir ou vert — Café moelleux

Pamplemousse grillé au rhum

Moitiés de pamplemousses

Cassonade ou sucre brun

Rhum brun ou blanc
Beurre + cannelle ou muscade

1 - Un demi-pamplemousse par convive: avec le couteau à pamplemousse ou le petit couteau de cuisine, couper entre chair et écorce, et entre toutes les sections.

2 - Saupoudrer d'une bonne cuillerée de sucre brun, roux, ou de cassonade. Arroser de rhum 15 à 30 mL (1 à 2 c. à table). Ajouter une noisette de beurre et une pointe de muscade ou de cannelle.

3 - Passer sous le gril à 15 ou 18 cm (6 ou 7 po) de la source de chaleur, quelques minutes, jusqu'à ce que le fruit soit bien chaud.

4 - Garnir d'une cerise au marasquin ou d'une petite grappe de raisins verts ou noirs ou d'une pointe de kiwi.

Toad-in-a-hole (flan anglais aux saucisses)

500 g (1 lb) de saucisses anglaises ou saucisses de Toulouse

250 mL (1 tasse) de farine tout usage
5 mL (1 c. à thé) de sel + 6 bons tours de poivre du moulin
2 mL (1/2 c. à thé) de moutarde sèche anglaise
45 mL (3 c. à table) de fromage cheddar doux ou mi-fort râpé
375 mL (1 1/2 tasse) de lait
2 gros oeufs entiers

1 - Piquer les petites saucisses anglaises ou trancher dans le biais les saucisses de Toulouse. Faire revenir et dorer à l'huile ou au beurre 30 mL (2 c. à table) quelques minutes. Égoutter et laisser en attente.

2 - Préparation de l'appareil à flan anglais: battre les oeufs avec le lait et verser dans les ingrédients secs. Bien battre.

3 - Dans un moule de 20 x 30 x 7 cm (8 x 10 x 12 po), verser 30 mL (2 c. à table) de graisse de cuisson des saucisses. Déposer les saucisses cuites dans le fond du moule et y verser l'appareil à flan.

4 - Porter au four préchauffé à 200 à 220°C (400 à 425°F), 30 minutes ou jusqu'à ce que le flan soit bien rôti sur toutes les faces. Sortir du four et servir en carrés, encore chaud. Rendement: 6 ou 8 portions. Accompagner de salade de tomates ou de petite laitue tendre.

NOTE. — Le *Toad-in-a-hole* est un plat excellent pour le pique-nique. On le coupe en petits morceaux froids.

Excellent comme déjeuner ou comme souper léger accompagné d'une salade composée et d'un fruit poché pour le dessert.

Hareng fumé et oeufs brouillés sur toasts

Prévoir un demi ou un petit hareng fumé par convive.

1 - Bien rincer et éponger le poisson fumé. Le déposer dans une assiette peu profonde allant au four ou préparer dans un petit poêlon sur la cuisinière. Couvrir le ou les poissons fumés de moitié lait et moitié crème légère, une noix de beurre et une pincée de persil séché ou frais émincé. Poivre du moulin à volonté.

2 - Cuire jusqu'à ce que le poisson se défasse à la fourchette (quelques minutes de cuisson suffisent).

Préparation des oeufs brouillés, en comptant 2 oeufs par convive:

1 - Pour 4 personnes, battre légèrement 8 oeufs, 15 mL (1 c. à table) de beurre doux en dés, 30 mL (2 c. à table) de crème épaisse et poivre du moulin.

2 - Verser la préparation d'oeufs dans un poêlon à fond épais ou anti-adhésif de 25 cm (10 po) de diamètre, contenant du beurre chaud et bien mousseux. Brouiller ou remuer à la cuiller de bois afin que la préparation ne coagule pas en omelette. Retirer de la source de chaleur et remuer très peu. Servir immédiatement sur des toasts bien secs. (Les oeufs brouillés continuent de cuire un peu hors du feu et coagulent.)

Les oeufs bien brouillés en gros morceaux moelleux doivent se servir à la cuiller. Surmonter les oeufs brouillés de morceaux de filet de hareng fumé poché au lait ou incorporer délicatement la chair de hareng fumé, poché au lait, aux oeufs brouillés. Servir sur des toasts bien secs. Garnir de cresson ou de persil.

Mixed grill anglais

Pour une personne:

1/2 rognon d'agneau ou de porc ou 1/3 de rognon de veau
1 tranche de bacon
1 saucisse anglaise
1 tranche de foie de veau, porc ou boeuf
1 côte ou 1 noisette d'agneau
Si désiré, 1 petite côte de porc ou petit tournedos

Huile végétale parfumée de romarin et d'une pointe de poudre de cari. Poivre du moulin et un peu de sel.

Moitié de tomate grillée nature ou persillade

1 - Piquer les tranches de bacon afin de les empêcher de rouler.

2 - Parer les rognons: couper le rognon en deux à l'horizontale et le débarrasser de ses nervures centrales. Pratiquer de légères incisions en surface sur l'endroit des rognons. Badigeonner de très peu de moutarde et d'huile parfumée. Déposer avec le bacon sous le gril du four.

3 - Accommoder des côtes d'agneau au naturel sur la grille ou parer les côtes. Enlever un peu de gras et le «feutre», longer l'os et le retirer. Tourner ou enrouler la noix d'agneau autour du morceau désossé à l'os. Fixer à l'aide d'un curedent. Accommoder au centre du gril afin de contrôler la cuisson du foie, des rognons, du bacon et des saucisses.

4 - Tremper des tranches de foie de veau, de porc ou de boeuf dans un peu de lait. Éponger et brosser d'un peu d'huile et déposer en bordure vers la porte du four afin de retirer le foie après 1 ou 2 minutes de cuisson sous le gril.

5 - Piquer les saucisses à déjeuner et les déposer sur le gril.

6 - Lorsque toutes les viandes sont prêtes à cuire, déposer le gril de 15 à 18 cm (6 à 7 po) de la source de chaleur. Dans l'ordre de cuisson, sortir du four et déposer les viandes sur une assiette de présentation chaude.

Servir le tout bien chaud, accompagné de tomates grillées avec les viandes nature ou à la persillade (persil, beurre mou, un peu de chapelure et une pointe d'ail écrasée); malaxer le tout et déposer sur des moitiés de tomates. Griller.

Le *mixed grill* à l'anglaise s'accompagne de gelée de menthe verte, d'un soupçon de moutarde et de gelée de groseilles rouges.

Scones anglais

Ces *scones* ou petits pains ultra-rapides se préparent en un tour de main. On peut les cuire sur une plaque épaisse sur la cuisinière ou dans un poêlon électrique à chaleur moyenne à la manière écossaise ou au four sur une plaque à pâtisseries légèrement enfarinée (méthode anglaise).

Pourquoi du lait suri ou du babeurre? Tout simplement parce que c'est un agent de fermentation qui, en plus d'être très digestible, confère aux pains et pâtisseries une légèreté exquise.

250 mL (1 tasse) de farine tout-usage
1 mL (1/4 c. à thé) de sel
30 mL (2 c. à table) de sucre
5 mL (1 c. à thé) de bicarbonate de soude
10 mL (2 c. à thé) de crème de tartre (*cream of tartar*)

30 mL (2 c. à table) de beurre ou de graisse végétale
125 mL (1/2 tasse) de lait suri ou de babeurre (*buttermilk*)

1 - Couper le beurre dans les ingrédients secs. Ajouter le lait suri ou le babeurre d'un trait. Brasser à la fourchette délicatement.

2 - Déposer la pâte sur une surface de travail enfarinée légèrement. Abaisser la pâte avec les paumes des mains ou avec le rouleau à pâtisserie en un disque de 20 cm (8 po) de diamètre et 2 cm (3/4 po) d'épaisseur.

3 - Couper en 8 pointes (couper en 4, puis couper en 2 les quatre quarts).

4 - Déposer les pointes de pâte (en reconstituant le cercle) sur une plaque à pâtisseries NON graissée mais légèrement enfarinée.

5 - Cuire au four chauffé à 200°C (400°F), de 10 à 12 minutes. Servir encore chaud, tiède ou froid de la journée. S'accompagnent de beurre bien frais et de marmelades d'oranges ou de bonnes confitures de votre choix.

Galettes ou *scones* écossais au four

**500 mL (2 tasses) de farine tout-usage
15 mL (1 c. à table) de poudre à lever
Pincée de sel
30 mL (2 c. à table) de sucre
Zeste râpé d'une orange et d'un citron
80 mL (1/3 tasse) de raisins secs de Corinthe**

**60 mL (1/4 tasse) de beurre ou de margarine
1 oeuf battu et 80 mL (1/3 tasse) de lait**

1 - Mesurer et mélanger tous les ingrédients secs, les raisins de Corinthe, le zeste d'orange et le zeste de citron.

2 - Avec un coupe-pâte ou au couteau, couper le beurre dans les ingrédients secs jusqu'à obtention d'un mélange grumeleux.

3 - Mélanger l'oeuf battu et le lait. Verser d'un trait le liquide sur les ingrédients secs. Brasser à la fourchette afin de bien amalgamer les ingrédients sans toutefois TROP BRASSER.

4 - Pétrir quelques secondes sur une surface enfarinée.

5 - Déposer la pâte sur une plaque à pâtisserie enfarinée légèrement et NON graissée. Abaisser la pâte à l'aide de la paume de la main ou du rouleau à pâtisseries en un disque de 25 à 30 cm (10 à 12 po) de diamètre et 2 cm (3/4 po) et plus d'épaisseur. Couper en huit triangles (couper en 4 puis couper en 2 les quatre quarts).

6 - Si désiré, badigeonner les pointes d'un peu de lait et saupoudrer d'un peu de sucre ou tout simplement porter le four à 220°C (425°F), de 10 à 12 minutes.

Servir chaud, tiède ou froid, mais la même journée.

Le petit brunch à l'italienne

Al contadino
Non far sapere
Come buono
Il formaggio con la pere...

...«On ne dit pas au fermier combien est délicieux le fromage avec la poire.» Ainsi me parle dans un flot de paroles intarissable le grand chef de cuisine Carlo Dell'Olio. Cet italien, volubile et ancré dans ses racines italiennes, sait représenter et raconter son pays, exagérer quelquefois même et, à bout de souffle, insister sur les recettes de la grande cuisine classique italienne et rappeler la simplicité et la fraîcheur des mets, la gloire de ses fromages, de ses vins et l'apothéose des denrées de saison.

Oui, rêver de l'Italie aux mille couleurs. Rêver à des villes toutes roses, dorées ou jaune ocre. Penser à ses jardins symétriques à l'italienne, si grandioses, aux massifs de fleurs si abondants qu'ils vous en coupent le souffle. En Italie, on vit intensément, la beauté vous entoure de toutes parts.

Et que dire de l'opulence des marchés de quartiers. Le violet des aubergines se mariant avec le doré des brugnons, des pêches si odorantes, le vert des raisins si transparents qu'on y voit le soleil. Le rouge éclatant des pommes d'or (tomates), les chapelets d'ail, d'oignons, de citronelles. Les parfums nous viennent de partout. Des fleurs aux couleurs vives et très variées côtoient les caisses de sardines fraîches ou salées, les gros poissons frais, les seiches, chevauchent un étalage digne des oeuvres des plus grands peintres italiens.

L'Italien est très frugal au petit-déjeuner. Il s'accomode d'un café au lait bien corsé, d'une brioche, d'une tranche de *pandoro* ou de *panettone* tartiné de beurre frais ou de confiture.

Pour les besoins du livre, M. Carlo Dell'Olio nous suggère un petit brunch qui se servira de 11:30 jusqu'à 13:00.

AU MENU

Figues fraîches au *Prosciutto*

**Rognons sautés au vin blanc et fines herbes
Riz pilaf à l'italienne**

**Assiette de fromages *Gorgonzola* et *Bel Paese*
et de poires fraîches**

**Tranches de *Panettone* de commerce
Marmelade de prunes**

**Café *expresso*
Thé**

Plateau de dragées et d'*amaretti de Sarronno*

Figues fraîches au *Prosciutto*

On trouve sur le marché des figues fraîches en juin et en septembre. À défaut de figues, préparer le *Prociutto* ou jambon de Parme avec des lamelles de melon cantaloup ou melon de miel bien mûr et odorant.

Prévoir 2 à 3 figues fraîches par personne:

Peler et couper le pédoncule des figues fraîches. Les déposer dans une assiette de présentation. Enrouler du *Prosciutto* tranché très mince autour des figues ou disposer des tranches de jambon de Parme repliées sur elles mêmes en couvrant les figues d'au moins 4 tranches très fines.

Prévoir un moulin à poivre et un cruchon d'huile d'olive vierge. Déguster au couteau-fourchette avec ou sans petit morceau de pain italien.

Rognons sautés au vin blanc et aux fines herbes

Facile et rapide à apprêter.

1 - Parer les rognons de veau: Couper en deux à l'horizontale avec la pointe d'un couteau d'office ou de cuisine, retirer toutes les nervures. Retirer aussi la pellicule qui couvre parfois les rognons. Couper en dés.

2 - Dans une sauteuse ou un poêlon de 20 à 22 cm (8 à 9 po) à fond épais, bien faire chauffer 30 mL (2 c. à table) d'huile végétale et 30 mL (2 c. à table) d'huile d'olive. Y jeter les rognons en dés. Les saisir afin d'empêcher tout bouillonnement. Secouer la sauteuse quelques secondes. Lorsque les rognons sont dorés et encore rosés, ajouter une bonne pincée de persil haché, de thym, de marjolaine et de sauge fraîches et émincées.

3 - Déglacer en ajoutant 60 mL (1/4 tasse) de vin. Secouer et gratter le fond de la sauteuse. Ajouter 60 mL (1/4 tasse) de fond blanc ou de bouillon de poulet. Laisser réduire quelque peu et servir sur un lit de riz pilaf.

Compter 2 gros rognons de veau pour 3 personnes.

Riz pilaf à l'italienne

Pour un riz encore ferme sous la dent et bien détaché;«utiliser 375 mL (1 1/2 tasse) de liquide pour 250 mL (1 tasse) de riz à longs grains» dit M. C. Dell'Olio.

15 mL (1 c. à table) de beurre
15 mL (1 c. à table) d'huile végétale
1 petit oignon finement émincé
1 branche de thym frais (facultatif)

375 mL (1 1/2 tasse) de bouillon de poulet
1 feuille de laurier
1 clou de girofle

1 - Dans une petite casserole ou cocotte de 1 L (4 tasses), fondre le beurre et l'huile. À l'apparition d'écume, ajouter l'oignon finement émincé. Cuire l'oignon sans lui faire prendre couleur, puis verser d'un trait le riz à longs grains. Bien enrober le riz de gras et lui faire prendre une couleur légèrement noisette. Mouiller de bouillon ou d'eau et concentré de bouillon de poulet. Ajouter une feuille de laurier, le sel, le poivre et le clou de girofle.

2 - Porter à ébullition; COUVRIR, baisser la source de chaleur au minimum et cuire jusqu'à évaporation du liquide (environ 20 minutes). Retirer la feuille de laurier et le clou de girofle qui seront en surface (on peut aussi ajouter au riz 1 pointe d'ail que l'on aura soin de retirer avant de servir).

Truc pour obtenir un riz aux grains bien détachés: après cuisson, fermer la source de chaleur et déposer un linge propre sur la casserole de riz, couvrir et laisser en attente 10 minutes. Le linge absorbe toute l'humidité.

Le petit brunch belge

Qui pourrait résister aux gaufres à la crème, aux moules et aux frites d'Anvers, aux délicats chocolats pralinés et truffés des plus grands et célèbres chocolatiers de Belgique et même du monde? Personne à vrai dire. Dès que l'on s'attarde à visiter ses villes féodales aux odeurs de gourmandise, la Belgique prend sur elle de vous envelopper d'une volupté presque rabelaisienne.

La Belgique offre une table de contrastes. On aime les fritures, les fondants de fromage à la bruxelloise, mais on respecte la finesse et le goût du poisson en le présentant en *Waterzoii*, à la fine crème ou simplement enveloppé de feuilles de laitue et braisé.

Les endives (ou chicons) sont apprêtées crues en salade, avec un filet d'huile de noix, un filet de jus de citron et un bon tour de poivre du moulin, ou braisées au jambon, au vin blanc et au fromage. L'endive est certainement le légume national des Belges.

Les viandes et volailles sont poêlées, sautées avec beaucoup de délicatesse, et les braisés sont toujours odorants et moelleux.

Quant aux pâtisseries, elles sont l'apanage des grands maîtres-pâtissiers belges et, tous les dimanches matin, on fait la queue pour acheter des montagnes de gâteaux à la crème, au chocolat, aux framboises et au fromage et des tartes aux fruits toutes plus savoureuses et odorantes les unes que les autres. Chaque matin, on achète du pain frais, des brioches et le fameux cramique, pain aux raisins secs délicieusement parfumé.

Oui, Bruegel d'Enfer, dans sa présentation du tableau *Danse de noces en plein air*, a su capter l'esprit de bombance par les rondeurs de ses personnages attablés ou debout, heureux, faisant la conversation, buvant, mangeant, dansant, occupés aux divins plaisirs de la bonne et grande table. Le Belge est gourmand, mais aussi fin gourmet.

AU MENU

Tranches d'oranges aux amandes rafraîchies
Omelette aux croûtons, sauce au cerfeuil ou à l'oseille
Cramique
Pain éclair aux raisins secs à la belge
Café liégeois

Tranches d'oranges aux amandes rafraîchies

3 à 4 oranges pelées à vif et tranchées
30 mL (2 c. à table) de sucre à glacer ou de sucre à fruits fin
60 mL (4 c. à table) de vin blanc sec (pour un entremets sucré, remplacer par de la liqueur d'orange ou du brandy à l'abricot)
30 mL (2 c. à table) d'amandes effilées

1 - Pour peler à vif les oranges, couper la pelure de haut en bas avec la lame d'un couteau de cuisine droit, en prenant soin de couper jusqu'à la chair. Retirer toute la pellicule blanche au goût amer. Trancher.

2 - Déposer les tranches d'oranges dans un ravier; sucrer et ajouter le vin blanc ou du jus de fruits. (On peut ajouter quelques dattes coupées en deux sur la longueur.) Réfrigérer toute la nuit.

3 - Servir les oranges dans un bol transparent individuel ou disposées en «soleil» sur une assiette à fruits ou sur une assiette à dessert. Saupoudrer d'amandes effilées nature ou légèrement grillées.

Omelette aux croûtons, sauce au cerfeuil

Pour chaque convive, prévoir:

2 gros oeufs
15 mL (1 c. à table) d'eau tiède
10 mL (2 c. à thé) de beurre froid, coupé en menus dés

1 - Battre légèrement les oeufs avec l'eau. Ajouter le beurre. Poivrer.

2 - Chauffer le beurre dans une poêle spéciale à omelette, en acier bleu, ou dans un poêlon de 15 à 18 cm (6 po) de diamètre à revêtement anti-adhésif. Lorsque le beurre est mousseux, chaud et blond, verser les oeufs d'un trait.

3 - Secouer la poêle par des mouvements de droite à gauche ou en formant des cercles. Répéter 4 fois ou brasser délicatement à la fourchette en mouvement d'aller-retour, afin de «feuilleter» l'omelette.

4 - Lorsque l'omelette est encore «baveuse» ou coulante en surface, déposer une quinzaine de petits croûtons bien croquants. Ne pas trop cuire l'omelette.

5 - Plier vers le centre la partie de l'omelette opposée à la queue du poêlon et, au-dessus de l'assiette de présentation, terminer de plier en roulant l'omelette. (Elle est donc pliée en 3, la face bombée sur le dessus.)

6 - Napper l'omelette de sauce au cerfeuil. Garnir d'un bouquet de cresson ou de persil et d'un large zeste de citron.

NOTE. — Il est préférable de faire l'omelette de chaque personne individuellement. Il est alors plus facile de la réussir.

Sauce au cerfeuil

15 mL (1 c. à table) de beurre
15 mL (1 c. à table) de farine tout usage

185 mL (3/4 tasse) d'eau ou de bouillon de poulet
15 mL (1 c. à table) de cerfeuil séché ou une poignée de cerfeuil frais émincé
Une grosse pincée de sel + 6 tours de poivre du moulin + muscade au goût
1 mL (1/4 c. à thé) de moutarde de Dijon
Jus de 1/2 citron

Dans un petit caquelon, faire fondre le beurre jusqu'à ce qu'il devienne chaud et mousseux. Ajouter la cuiller de farine et brasser le petit «roux blanc» jusqu'à la formation de bulles. Verser l'eau ou le bouillon et le cerfeuil et cuire la sauce quelques minutes ou jusqu'à un léger épaississement. Saler, poivrer, ajouter la moutarde de Dijon, la muscade et le jus de citron. Continuer à faire mijoter quelques minutes en prenant soin de brasser la sauce. Vérifier l'assaisonnement et servir très chaude sur l'omelette. Cette sauce peut napper 6 omelettes.

NOTE. — Additionnée d'un soupçon d'ail et d'un filet d'anchois écrasé, cette sauce est délicieuse pour une fondue bourguignonne.

La sauce froide, additionnée de cornichons au sel ou d'olives farcies, d'oignons verts émincés et d'un oeuf dur passé au tamis, donne une sauce simili-tartare hypocalorique.

Cramique

C'est un pain aux raisins secs, au fin parfum de cardamome. Les Belges sont très friands de pains doux et très pointilleux en ce qui concerne le cramique. Si le boulanger, par inadvertance, réduit la quantité de raisins secs, on lui affirme avoir dû utiliser une bicyclette ou des besicles pour trouver les raisins qui se faisaient rares.

500 mL (2 tasses) de raisins secs sultanas, gonflés 1 heure dans suffisamment de thé noir ou d'eau chaude pour être recouverts. ÉGOUTTER et assécher sur un papier absorbant.

35 mL (2 1/2 c. à table ou 7 c. à thé) de levure sèche active
5 mL (1 c. à thé) de sucre + 250 mL (1 tasse) d'eau chaude à 45°C (110°F)

2 L (8 tasses) de farine tout usage ou, de préférence, un peu moins de farine à pain

500 mL (2 tasses) de lait
125 mL (1/2 tasse) de beurre
60 mL (4 c. à table) de sucre
10 mL (2 c. à thé) de sel
2 à 5 mL (1/2 à 1 c. à thé) de cardamome
3 gros oeufs battus légèrement

Dorure:

1 jaune d'oeuf battu
30 mL (2 c. à table) d'eau

1 - Laisser gonfler pendant 10 minutes la levure dans la tasse d'eau à 44 °C (110°F).

2 - Chauffer le lait, le sucre, le beurre et le sel jusqu'à ce que le tout soit bouillant. Retirer de la source de chaleur et laisser tiédir.

3 - À ce mélange liquide tiédi, ajouter les 3 oeufs battus. Y incorporer 1 L (4 tasses) de farine et les raisins asséchés. Bien battre.

4 - Incorporer le reste de la farine et la cardamome. Bien battre.

5 - Renverser la masse de pâte sur une surface enfarinée et y incorporer toute la farine en pétrissant. Pétrir au moins de 12 à 15 minutes.

6 - Couvrir et laisser gonfler le double du volume initial.

7 - Abaisser la pâte levée avec le poing et couper en deux portions.

8 - Déposer les pâtons dans des moules à pains rectangulaires de 22 x 10 x 7 cm (9 x 5 x 3 po) beurrés généreusement. À défaut de moules, former des miches ou des boules. Laisser lever la pâte au moins 55 minutes ou jusqu'à ce qu'elle soit surélevée d'au moins 2,5 cm (1 po) au-dessus du ou des moules.

9 - Cuire au four préchauffé à 190 ou 200°C (375 ou 400°F) environ 50 minutes ou plus. **LE PAIN EST CUIT LORSQU'UN BRUIT SOURD SE PRODUIT QUAND ON LE FRAPPE SUR LES CÔTÉS OU SUR LA BASE.**

Pain éclair aux raisins secs à la belge

C'est un pain sans oeufs, rapide à préparer et délicieux.

**250 mL (1 tasse) de raisins secs sultanas
500 mL (2 tasses) de flocons d'avoine
500 mL (2 tasses) de farine tout usage ou de blé entier
60 mL (1/4 tasse) de son naturel ou de germes de blé
5 mL (1 c. à thé) de sel
15 mL (1 c. à table) de poudre à lever chimique
5 mL (1 c. à thé) de bicarbonate de soude
60 mL (1/4 tasse) de sucre blanc ou brun**

**60 mL (4 c. à table) d'huile végétale ou de margarine fondue
125 mL (1/2 tasse) de mélasse noire
435 mL (1 3/4 tasse) de lait ou moitié eau/moitié lait**

1 - Mélanger les ingrédients secs et les déposer dans un grand bol à mélanger.

2 - Battre les ingrédients liquides et les incorporer aux ingrédients secs. Bien mélanger mais sans excès.

3 - Déposer la pâte dans un moule à pain de 22 x 10 x 7 cm (9 x 5 x 3 po) graissé et légèrement enfariné. COUVRIR d'un linge et LAISSER REPOSER 20 minutes avant de cuire.

4 - Cuire au four préchauffé à 180°C (350°F) pendant 70 minutes environ ou plus si le pain n'est pas tout à fait cuit.

5 - Démouler sur une grille à pâtisserie et laisser refroidir complètement avant de servir. Envelopper de papier aluminium et garder au frais. Servir en tranches minces légèrement beurrées.

NOTE. — Tous les pains aux fruits et à la levure chimique sont meilleurs après un vieillissement de 24 heures.

Café liégois

Dans une tasse en porcelaine fine, déposer 15 mL (1 c. à table) de blanc d'oeuf monté en neige avec 30 mL (2 c. à table) de sucre fin.

Verser le café corsé à la chicorée bien chaud et napper de 30 mL (2 c. à table) de crème fouettée additionnée d'un peu de blanc d'oeuf en neige.

Saupoudrer de cacao ou de chocolat à confiserie râpé.

Au pays des vikings

Après l'époque des vikings pendant laquelle on se battait parce qu'on avait surtout faim, il y eut l'abondance sur les tables de Scandinavie. Que ce soit en Finlande, en Suède, en Norvège, au Danemark ou en Islande, tous ces peuples s'accordent pour nous offrir la plus grande hospitalité et nous prouvent que les longs mois d'automne et d'hiver, où la noirceur gagne à pas de géant sur le jour, n'ont rien de triste. Qu'un bon livre au coin de la cheminée, la pratique de quelques sports, une vie de famille bien intense et une bonne table sont les potions qu'il vous faut pour vous donner du moral.

La table est plantureuse et offre une variété infinie de poissons fumés, marinés, crus au naturel ou poêlés. Les légumes, comme dans tous les pays où l'hiver s'attarde, se limitent, après un certain temps, aux racines, au chou sous toutes ses formes et déguisements; et les pommes de terre sont à l'honneur.

Les soupes et ragouts de légumes ou de viandes sont aussi très recommandés pour combattre le froid. Les fromages sont délicieux et variés; *Jarlsberg*, *Havarti*, bleu danois pour n'en nommer que quelques uns. Les petits fruits comme les lingonnes et canneberges ou framboises et mûres sont surgelés et traités en compotes légèrement épaissies à la fécule de maïs ou au tapioca-minute. Ces compotes ou crèmes sont ensuite fouettées jusqu'à l'obtention de mousses exquises, légères et délicates en saveur. La patience n'est réellement pas à la limite de leurs forces, quand on fait l'inventaire de tous les pains et pâtisseries que l'on prépare encore à la maison. On boulange avec amour en pensant que le printemps s'en vient...

Je vous suggère donc un menu de petit-déjeuner ou brunch à la scandinave qui vous ravira par sa simplicité et sa variété.

AU MENU

Jus de canneberges chaud ou rafraîchi
***Glogg* scandinave**

Gâteau d'omelette au bacon fumé et jambon
Crêpes dentelles aux pommes de terre
Hachis de rôti de viande et pommes de terre à l'oeuf cru
***Gravlax* ou saumon «cuit» en marinade**

Pain *Limpa* à la suédoise
Petits gâteaux aux pommes et aux amandes

***Aquavit* en bloc de glace**

Jus de canneberges chaud ou rafraîchi

**1 ou 2 L (1 ou 2 pintes) de jus de canneberges
8 grains de cardamome écrasés
1 bâton de cannelle**

Chauffer le jus avec les épices. Laisser infuser dans un caquelon émaillé. Servir bouillant ou avec des glaçons.

Glogg scandinave

1 ou 2 L (1 ou 2 pintes) de vin rouge sec
Au moins 250 mL (1 tasse) de vermouth rouge sec
250 à 500 mL (1 à 2 tasses) de jus de canneberges
Zeste en spirale d'une orange piqué de 6 clous de girofle
Petit zeste de citron
125 mL (1/2 tasse) de raisins secs, type sultanas ou Corinthe
8 grains de cardamome écrasés ou 5 mL (1 c. à thé) de cardamome moulue
1 bâton de cannelle naturelle
1 morceau de gingembre frais 2,5 cm (1 po) écrasé
15 à 20 amandes blanchies, entières

1 - Porter le tout, sauf les amandes, presqu'à ébullition. Laisser infuser au moins 6 heures (dans une cocotte ou caquelon émaillé).

2 - Chauffer de nouveau et ajouter les amandes. Laisser mijoter 10 minutes.

3 - D'autre part, déposer une bouteille de vodka ou d'*Aquavit* dans une marmite contenant de l'eau très chaude. Réchauffer ainsi l'alcool.

4 - Au moment de servir; au dessus du bol à punch ou caquelon contenant le *glogg* bien chaud, flamber.

Flamber:

Déposer quelques cubes de sucre sur une cuiller perforée, verser de l'alcool chaud sur les cubes et flamber en passant une allumette allumée au dessus des cubes de sucre imbibés d'alcool chaud.

Gâteau d'omelette au bacon fumé et jambon

4 tranches de bacon fumé
6 tranches moyennes de jambon bien maigre

7 oeufs
15 mL (1 c. à table) de farine ou de chapelure fine de pain de seigle
5 mL (1 c. à thé) de moutarde type *DELI* ou allemande (facultatif)
Poivre du moulin

1 - Déposer les tranches de bacon fumé, coupées en 12 lardons, dans une poêle froide de 18 à 20 cm (7 po). Cuire à feu modéré jusqu'à ce que les lardons soient presque croustillants. Retirer la graisse de cuisson sauf 15 mL (1 c. à table). Laisser revenir les tranches de jambon sans les faire dorer. Les disposer dans le fond de la poêle en les faisant chevaucher. Égoutter les lardons sur du papier absorbant et laisser en attente.

2 - Brasser les oeufs, poivrer et ajouter la moutarde, la chapelure ou la farine. Brasser. Verser les oeufs sur le jambon. Couvrir à demi et cuire à feu moyen jusqu'à ce qu'ils soient cuits. Saler. Parsemer de queues d'oignons verts émincées ou de ciboulette hachée.

3 - Servir froid ou chaud, coupé en pointes et accompagné de petites crêpes dentelles aux pommes de terre.

Crêpes dentelles aux pommes de terre

3 grosses pommes de terre
30 mL (2 c. à table) de farine
5 mL (1 c. à thé) de poudre à lever chimique (facultatif)
Sel + tours de moulin à poivre

Friture à l'huile végétale et beurre

1 - Peler et laver les pommes de terre. Les râper et rapidement incorporer la farine, sel, poivre et, au goût, la poudre à lever chimique. (Les pommes de terre râpées noircissent au contact trop prolongé de l'air). Ne pas rincer les pommes de terre râpées.

2 - Cuire les crêpes de pommes de terre par petites cuillerées jetées dans l'huile et le beurre chauds (30 mL (2 c. à table d'huile + 15 mL (1 c. à table) de beurre). Après épuisement de corps gras, verser dans la poêle la même quantité d'huile et beurre. Bien chauffer jusqu'à une consistance mousseuse avant de cuire les crêpes. Dorer sur une face, tourner et cuire quelques secondes ou jusqu'à ce qu'elles soient bien cuites et croquantes.

Ces crêpes accompagnent délicieusement le gâteau d'omelette au jambon et s'accomodent bien d'une sauce aux pommes acidulée ou de pommes pelées tranchées, revenues au beurre bien mousseux et chaud sur lesquelles on ajoute quelques gouttes de jus de citron, du sel, du poivre et quelques cuillerées de sucre au goût. Pincée de muscade ou de cardamome moulue.

Hachis de rôti de viande et pommes de terre à l'oeuf cru

**Reste de rôti de: boeuf, veau, agneau ou porc
1 petit oignon émincé
3 à 4 pommes de terre coupées en petits dés
5 mL (1 c. à thé) de vinaigre blanc**

Gras pour la cuisson

1 jaune d'oeuf en demi-coquille par convive

1 - Dans une petite casserole ou poêlon, faire revenir l'oignon dans 30 mL (2 c. à table) d'huile végétale jusqu'à ce qu'il soit tendre, ajouter les dés de viande de rôti. Cuire jusqu'à ce que ce soit bien chaud. (PRENDRE SOIN DE NE PAS TRITURER LES DÉS DE RÔTI.)

2 - Dans un autre poêlon, chauffer 30 mL (2 c. à table) d'huile et 15 mL (1 c. à table) de beurre ou de gras de cuisson. Faire rissoler les pommes de terre en dés. Lorsque bien dorées, mélanger immédiatement avec les dés de viande.

3 - Déposer une portion sur une assiette de présentation. Procurer une dépression au centre du hachis et y déposer le jaune d'oeuf cru dans sa demi-coquille.

4 - Chaque convive renverse la coquille et mélange son jaune d'oeuf dans le hachis. Le jaune cuit immédiatement et lie le hachis.

5 - Accompagner de petits dés de betteraves marinées et de pain de seigle nature ou de pain de seigle Limpa.

Gravlax ou saumon «cuit» en marinade

1,5 à 2 kg (3 à 4 lb) de saumon frais en 2 filets avec la peau
80 mL (1/3 tasse) de gros sel finlandais ou *Kosher* (ou à marinades)
1 gros bouquet d'aneth frais ou 30 mL (2 c. à table) d'aneth séché
45 mL (3 c. à table) de cassonade ou sucre brun
45 mL (3 c. à table) de sucre blanc
15 mL (1 c. à table) d'épices à marinades mélangées écrasées
15 mL (1 c. à table) de poivre en grains écrasés

1 - Demander au poissonnier de retirer l'arête centrale du poisson et de garder la peau des 2 filets de saumon frais. (Le fileter soi-même avec le couteau à longue lame à fileter.)

2 - Déposer un filet de saumon (peau en dessous) dans un plat ou dans un contenant de verre. Saupoudrer les filets de sel. Bien imprégner et frotter le sel. Ensuite, bien frotter les filets avec le mélange de sucre, d'aneth, d'épices et de poivre. S'il y a lieu, déposer l'aneth frais entre les 2 filets de saumon. Couvrir d'une planche de bois et d'une pesée (une brique habillée de papier aluminium ou des boîtes de conserves assez lourdes).

3 - Réfrigérer et laisser mariner 48 heures. Tourner le poisson toutes les 12 heures. Arroser du jus de marinade. On peut entourer le saumon d'oignons crus en rondelles mais la recette classique n'en a pas.

4 - Après 48 heures, bien éponger les filets de saumon marinés et les débarrasser de toutes épices ou aromates qui adhèrent. Déposer sur une planche de bois de service et trancher très mince dans le biais.

Accompagner de pain noir, de pain de seigle ou biscottes type *ryevita*. Une salade d'oignons crus arrosée de jus de citron, d'huile, de sel, de poivre et d'une pincée de sucre, préparée au moins 2 heures à l'avance. Les petites pommes de terre vapeur, passées dans de la crème sûre de commerce, sel, poivre, persil et aneth hachés, sans oublier la sauce émulsionnée aux trois moutardes.

Pour la Sauce émulsionnée aux trois moutardes, voir la recette suivante.

Sauce émulsionnée aux trois moutardes

Une sauce froide moutardée qui peut accompagner du rôti de boeuf froid, boeuf grillé au four ou au barbecue, et le fameux *Gravlax*.

1 gros oeuf entier
30 mL (2 c. à table) de moutarde de Dijon aux herbes de Provence
45 mL (3 c. à table) de moutarde de Dijon aux graines de moutarde dite à l'ancienne ou Téméraire
5 mL (1 c. à thé) de moutarde anglaise sèche en poudre
2 mL (1/2 c. à thé) de *curcuma* **en poudre ou plus si désiré**
6 bons tours de moulin à poivre
2 mL (1/2 c. à thé) de sel (ou à volonté)
60 mL (1/4 tasse) de vinaigre blanc

250 mL (1 tasse) d'huile végétale

1 - Dans le contenant du liquéfieur (*mélangeur*), déposer dans l'ordre: l'oeuf, les moutardes, la poudre de *curcuma*, le poivre du moulin, le sel et le vinaigre blanc ou de vin blanc nature ou à l'estragon. Liquéfier le tout et ajouter l'huile en mince filet, jusqu'à une belle consistance crémeuse et bien onctueuse.

2 - Stabiliser l'émulsion moutardée en ajoutant 30 mL (2 c. à table) d'eau bouillante. Vérifier l'assaisonnement.

3 - Servir telle quelle immédiatement ou refroidie et «vieillie» d'au moins une journée. Bien couvrir et réfrigérer.

4 - Une heure avant de servir le *Gravlax* ou saumon mariné, chambrer la sauce. Servir à température ambiante.

Pain *Limpa* à la suédoise

2 enveloppes de levure sèche active, granulée
125 mL (1/2 tasse) d'eau chauffée à 45°C (110°F) + 5 mL (1 c. à thé) de cassonade

500 mL (2 tasses) d'eau bouillante
60 mL (1/4 tasse) de cassonade ou sucre roux
80 mL (1/3 tasse) de mélasse
45 mL (3 c. à table) de beurre ou de margarine
15 mL (1 c. à table) de sel
30 mL (2 c. à table) de zeste d'orange
5 mL (1 c. à thé) de graines d'anis, écrasées

250 mL (1 tasse) de farine de blé concassé (*cracked wheat flour*) ou 500 mL (2 tasses) de farine de blé entier
750 à 875 mL (3 à 3 1/2 tasses) de farine de seigle (*rye flour*)
500 à 750 mL (2 à 3 tasses) de farine tout usage ou à pain

1 - Laisser gonfler la levure sèche dans 125 mL (1/2 tasse) d'eau chaude + 15 mL (1 c. à thé) de cassonade (environ 10 minutes).

2 - Lorsque la levure est bien gonflée, l'ajouter au mélange suivant: eau bouillante, cassonade, mélasse, beurre, sel, zeste d'orange et graines d'anis écrasées. Brasser.

3 - Incorporer, au liquide chaud et à la levure, la farine de blé concassé ou la farine de blé entier. Bien brasser. Continuer d'incorporer la farine de seigle. Bien battre. (La pâte sera ferme.)

4 - Renverser la pâte sur une surface de travail enfarinée ou saupoudrée des 500 mL (2 tasses) de farine tout usage. Pétrir au moins 12 à 15 minutes ou jusqu'à ce que la pâte devienne élastique et lisse.

5 - Déposer la boule de pâte dans un bol graissé et bien l'enrober. Couvrir d'une pellicule plastique puis d'un linge. Laisser gonfler au double du volume initial.

6 - Lorsque la pâte est bien levée, l'abaisser avec le poing fermé. Couper la pâte en 2 portions. Couvrir d'un linge et laisser reposer 10 minutes.

7 - Rouler un pâton de forme cylindrique de 30 cm (12 po) de longueur et aux extrémités allongées. Pincer les bouts et plier sous le pain. Former l'autre pâton en boule ou miche. Abaisser légèrement avec la paume de la main.

8 - Déposer les deux pains sur une plaque graissée et parsemée de semoule de maïs (*cornmeal*). Couvrir d'un linge et laisser gonfler au moins 35 minutes.

9 - Pratiquer des incisions en diagonales (3) avec une lame de rasoir ou une lame de couteau bien tranchante. Brosser les pains avec de la dorure (1 oeuf + 15 mL (1 c. à table) d'eau, battre) ou d'un mélange d'eau et de sel.

10 - Cuire au four à 200°C (400°F) de 35 à 40 minutes. Sortir du four et déposer les pains sur un grillage à pâtisseries.

Petits gâteaux aux pommes et aux amandes

Une spécialité exquise!

Pâte brisée à la suédoise

375 mL (1 1/2 tasse) de farine tout usage
2 mL (1/2 c. à thé) de poudre à lever chimique
2 mL (1/2 c. à thé) de sel
Zeste de 1/2 citron
60 mL (4 c. à table) de sucre glace
1 mL (1/4 c. à thé) de cardamome en poudre + une pincée de muscade

45 mL (3 c. à table) de beurre + 45 mL (3 c. à table) de graisse végétale
2 oeufs entiers battus + 15 mL (1 c. à table) de vinaigre blanc

1 - Déposer les ingrédients secs dans le bac du robot culinaire. Mettre en marche/ARRÊT 4 fois. Déposer le beurre et le gras. Mettre en marche/ARRÊT 7 fois jusqu'à ce que ce soit grumeleux.

2 - Mettre en marche et verser dans l'ouverture du bac les oeufs battus + 15 mL (la cuillerée) de vinaigre, jusqu'à l'obtention d'une boule de pâte qui attachera à la tige centrale du robot. (La pâte sera collante.)

3 - Fraiser la pâte ou incorporer un peu de farine sur la surface de travail jusqu'à ce que la pâte ne colle plus.

4 - Rouler 1/3 de la pâte afin d'obtenir 12 morceaux de 6 cm (2 1/4 po) pour la couverture des gâteaux ou tartelettes.

5 - Diviser 2/3 de la pâte dans 12 moules à muffins de 6 cm (2 1/2 po). Bien beurrer les moules et étendre la pâte avec les doigts, dans le fond et les parois des petits moules. Remplir de préparation aux pommes et amandes: 3 pommes coupées en petits dés, 30 mL (2 c. à table) de raisins de Corinthe, 12 amandes blanchies et coupées en morceaux ou amandes effilées, 250 mL (1 tasse) de confiture de framboi-

ses, d'abricots ou de gelée de pommes. bien mélanger le tout et remplir les moules à muffins comme mentionné.

6 - Couvrir les moules avec les carrés de pâte et bien sceller chaque moule en pressant la pâte avec les doigts.

7 - Cuire au four à 190°C (375°F) environ 40 minutes ou jusqu'à cuisson parfaite.

8 - Retirer délicatement les petits gâteaux des moules et les déposer sur une grille à gâteau. Laisser refroidir et saupoudrer de sucre à glacer.

Aquavit en bloc de glace

L'*Aquavit* est cette eau-de-vie délicatement parfumée aux graines de carvi, d'anis, de cardamome et autres aromates. L'*Aquavit* se boit «sec» et très glacé.

SANTÉ! SKOL!

Bien rincer un contenant de lait ou contenant en carton ciré de 2 L (2 pintes). Remplir d'eau au 2/3, y déposer la bouteille d'*aquavit*, debout dans l'eau. Congeler au moins 6 heures ou jusqu'à ce que la bouteille tienne bien dans son bloc de glace bien ferme.

Passer le carton sous l'eau. Déchirer le carton qui entoure la glace.

Déposer ce bloc dans un bac ou bol de verre transparent. Servir l'*aquavit* très glacé. (Ainsi, l'eau-de-vie est dégustée très froide et n'est pas altérée par la fonte de glaçons.) Présentation très spectaculaire.

Occasions spéciales

Le brunch de la Saint-Sylvestre ou du premier de l'an

Il est de coutume heureuse de sabler le champagne en fin d'année et le premier de l'an. Toutefois, avec l'inflation effarante du coût de la vie, notre imagination doit se prêter à de légers changements dans nos us et coutumes.

En France, le curé Kir de Dijon n'a-t-il pas innové le fameux apéritif Kir où l'on marie si savamment l'aligoté blanc bien sec et la non moins célèbre crème de cassis tirée à 20°. Plus tard, on s'est aventuré à présenter le Kir royal ou impérial, du champagne brut auquel on ajoute une larme de cassis.

En Amérique du Nord, plus précisément sur la côte est longeant l'Atlantique, au Canada et aux États-Unis, on récolte abondamment des canneberges ou lingonnes. Ce sont des petits fruits acides qui se prêtent à plusieurs préparations culinaires délicieuses.

On présente donc maintenant avec beaucoup d'orgueil le cocktail «*Cape Codder*» qui origine évidemment de la station maritime Cape Cod. Ce cocktail à base de jus de canneberges et de champagne est une façon originale de joindre l'utile à l'agréable et de rafraîchir les palais très élégamment et relativement à peu de frais.

Il va de soi que tous les vins mousseux et très secs sont aussi de mise.

AU MENU

Cocktail *Cape Codder*
Cocktail au jus de canneberges et jus d'ananas
Jus de tomates à la diable

**Suprêmes de pamplemousses et clémentines
à la liqueur d'orange**

**Champignons crus farcis
Champignons farcis au four
«Gougeonnettes» de poisson — sauce tartare maison
Bouillon de dinde bien chaud à la garniture d'oeuf**

**Quiche bourbonnaise
Pâte à tarte infaillible
Petites charcuteries maison:
Pâté de foie à la normande
Rillettes de porc
Aspic tomaté à la portugaise**

**Granité à la framboise
Liqueur maison à la framboise**

**Salade de petites laitues, de poires
et de bleu d'Auvergne**

**Gâteau aux fruits du temps des fêtes
Mignardises anglaises**

**Café-filtre et digestifs
Chocolat au lait chaud
Thé au lait ou au citron**

Cocktail *Capecodder* ou *Cape Codder*

Dans des flûtes à champagne, des verres type tulipe ou même de très gros ballons à bourgogne, verser 1/3 de jus de canneberges et 2/3 de champagne brut ou très sec. (Les vins d'appellation Champagne espagnols, allemands ou italiens, sont tous très bien à condition qu'ils soient secs, très secs ou brut.) Servir glacé. On peut aussi préparer des glaçons avec du jus de canneberges au lieu des glaçons à l'eau, ainsi le cocktail ne perd pas de sa saveur.

On peut aussi préparer un bol à punch contenant les mêmes proportions, 1/3 et 2/3 de jus et de champagne. Pour un litre de jus de canneberges, ajouter 3 et même 4 bouteilles de champagne. Préparer un bloc ou une couronne de jus de canneberges en glace. Congeler au moins 12 heures.

Cocktail au jus de canneberges et jus d'ananas

1 L (4 tasses) de jus de canneberges
2 L (8 tasses) de jus d'ananas en conserve
Glaçons

Bien mélanger les jus et les servir dans un bol à punch ou dans un gros pichet avec beaucoup de glaçons.

Une larme de rhum ambré n'est pas à dédaigner...

Jus de tomates à la diable

**2 L (8 tasses) de jus de tomates ou de légumes
Poivre du moulin, au moins 10 à 12 tours
Jus de 3 citrons
45 mL (3 c. à table) de sauce anglaise ou Worcestershire
2 mL (1/2 c. à thé) de sauce Tabasco
Glaçons**

Bien agiter le tout et servir dans des verres «*highball*» très hauts. Garnir d'un bâtonnet de céleri avec ses feuilles de préférence.

Cette base est délicieuse pour un cocktail à la *vodka*. Ajouter la *vodka* individuellement dans les verres, ainsi les personnes ne buvant pas d'alcool pourront profiter de ce cocktail à la diable.

Suprêmes de pamplemousses et clémentines à la liqueur d'orange

Prévoir un demi-pamplemousse et une demi-clémentine par convive

**6 à 7 pamplemousses pelés à vif
8 clémentines épluchées
45 mL (3 c. à table) de sucre à fruits
75 mL (3 à 4 onces) de liqueur à l'orange**

Peler à vif les pamplemousses: Avec la lame bien affutée d'un couteau de cuisine, couper de haut en bas la pelure, en prenant soin d'inciser jusqu'à la chair. Retirer toute la pellicule blanche à goût amer. Sectionner en passant la lame du couteau entre les sections ou goussets du pamplemousse (travailler au dessus d'un bol). Déposer les sections (suprêmes de pamplemousses) dans un bol de présentation; ajouter les petites clémentines épluchées et débarrassées de toute la pellicule blanche. Sucrer au goût et arroser à volonté de liqueur à l'orange. (On peut omettre l'alcool et laisser les pamplemousses rendre leur jus au réfrigérateur.)

2 - Servir les fruits rafraîchis en coupes. Garnir de feuilles de menthe, de mélisse ou de géranium.

NOTE. — Le *brandy* à l'abricot parfume aussi délicieusement les fruits.

Champignons crus farcis

24 champignons blancs crus

**250 g (8 onces) de rillettes ou de cretons
45 mL (3 c. à table) de persil haché
2 queues d'oignons verts finement hachées
2 mL (1/2 c. à thé) de moutarde de Dijon (facultatif)**

1 - Bien éponger les champignons et les équeuter.

2 - Hacher très menues les queues de champignons et bien malaxer avec les rillettes, le persil, les queues d'oignons verts, la moutarde et si désiré une larme de cognac ou de brandy.

3 - Farcir les têtes de champignons préalablement passées au jus de citron. Servir sur un lit de laitue ou de cresson. On peut décorer chaque champignon farci d'une lamelle d'olive noire ou verte ou d'une tranche de cornichon au sel ou à l'aneth, ou faire alterner des tranches de cornichons et des petites pointes diamant de *pimiento* espagnol ou de poivron rouge.

Champignons farcis au four

24 champignons blancs crus

60 g (2 onces) de chair de crabe
45 mL (3 c. à table) de chapelure fine
15 mL (1 c. à table) de gruyère râpé
15 mL (1 c. à table) de fromage parmesan râpé
1 échalote grise ou 2 petits oignons verts émincés
10 mL (2 c. à thé) de beurre ou de fromage blanc
6 tours de moulin à poivre — pointe de noix de muscade
Pincée de fines herbes de Provence
1 oeuf battu

1 - Éponger les champignons, les équeuter et les passer au jus de citron.

2 - Bien malaxer les autres ingrédients et farcir les têtes de champignons.

3 - Déposer les champignons farcis dans un plat à gratin et cuire au four préchauffé entre 190° et 200°C (375° à 400°F), environ 15 minutes. Le champignon doit être encore moelleux et la farce bien chaude.

Prévoir des bâtonnets ou des petites fourchettes à hors-d'oeuvre pour le service.

«Gougeonnettes» de poisson

1 kg (2 lb) de filet de sole ou de turbot

Farine assaisonnée de sel et poivre
Chapelure fine assaisonnée d'origan
2 oeufs battus + 30 mL (2 c. à table) d'huile
250 mL (1 tasse) de lait

Bain de friture

1 - Couper dans le biais les filets de poisson en languettes ou bâtonnets de 2 cm (3/4 po) de largeur sur 8 cm (3 po) de longueur.

2 - Passer les «gougeonnettes» à la panure anglaise:
Dans une assiette creuse, déposer la farine; dans une autre assiette creuse, déposer le lait, une troisième assiette contenant les oeufs battus et 30 mL (2 c. à table) d'huile végétale, une quatrième assiette contenant la chapelure fine assaisonnée de sel, de poivre et de fines herbes ou d'origan.

3 - Passer les bâtonnets dans le lait, dans la farine, dans le mélange d'oeufs battus dans l'huile puis dans la chapelure assaisonnée. Bien enrober chaque morceau. Déposer au réfrigérateur ou congeler.

4 - Au moment de servir: Plonger en pleine friture. Déposer quelques «gougeonnettes» dans le panier de la friteuse et plonger dans le bac d'huile végétale bien chaude à 185°C (360 à 370°F).

5 - Déposer les «gougeonnettes» cuites sur un papier absorbant et servir disposées en pyramide, en guise de hors-d'oeuvre chaud. Accompagner d'une sauce tartare maison. Prévoir des petites serviettes de papier afin d'essuyer les doigts.

Sauce tartare maison

**750 mL (3 tasses) de mayonnaise à l'oeuf
6 petits cornichons au vinaigre, émincés finement
15 mL (1 c. à table) de câpres (facultatif)
6 olives farcies, finement émincées
1 petit oignon finement émincé
2 petites pointes d'ail finement émincées
2 oeufs durs passés au tamis fin
5 mL (1 c. à thé) de moutarde de Dijon**

Émincer tous les ingrédients. Passer les oeufs durs au tamis fin en écrasant avec le dos d'une cuiller. Bien mélanger le tout à la mayonnaise. Saupoudrer de persil haché et accompagner les «gougeonnettes».

Bouillon de dinde bien chaud à la garniture d'oeuf

Prévoir 180 mL (3/4 tasse) de bouillon par convive.

1 - Préparer un bon bouillon de carcasse de dinde, une mirepoix de poireaux et carottes, et 2 oignons émincés. Un bouquet garni composé de deux branches de céleri, bouquet de persil, 2 feuilles de laurier, des branches de thym, de marjolaine ou de sarriette. 1 oignon piqué d'un clou de girofle. Ajouter quelques ailerons de poulet et des pattes de volailles (les pattes contiennent beaucoup de gélatine et donnent un bon goût au bouillon) couvrir d'au moins 5 à 6 L (5 à 6 pintes) d'eau froide. Bien saler dès le début de cuisson du bouillon. Poivrer généreusement.

2 - Laisser FRÉMIR le bouillon durant quelques heures ou jusqu'à réduction d'un tiers. (Une pointe de poudre de cari de madras relève discrètement le goût du bouillon.) Passer le bouillon dans une étamine et refroidir.

3 - Dégraisser et faire chauffer le bouillon lentement afin qu'il reste clair. Infuser quelques moments avant de servir un mince zeste de citron jaune ou vert.

GARNITURES:
4 - Émincer finement: 10 petits oignons verts (le blanc et le vert) et 6 têtes de brocoli.

5 - OMELETTES SIMPLES: (Répéter 5 fois, afin d'obtenir 5 omelettes), battre 1 oeuf, 15 mL (1 c. à table) d'eau tiède, une pincée de persil haché, du poivre et une noisette de beurre.
Cuire l'omelette dans un poêlon de 18 cm (7 po) de diamètre contenant 5 à 10 mL (1 à 2 c. à thé) de beurre mousseux et bien chaud.
Déposer l'omelette cuite sur une assiette ou surface de travail. Rouler l'omelette très serrée. Laisser en attente de 15 à 20 minutes. Avant de servir le bouillon bien bouillant, couper l'omelette roulée en fines tranches (vous obtiendrez ainsi des lamelles).

6 - Plonger les lamelles d'oeufs dans le bouillon bien bouillant, dans une grande soupière. Ajouter au bouillon des petits oignons verts émincés et les têtes de brocoli émincées. (Le bouillon très chaud infusera le brocoli et les oignons verts ainsi que l'oeuf.)

Servir dans des tasses ou dans des petits bols.

Quiche bourbonnaise

1 abaisse de tarte de 22 à 25 cm (9 à 10 po) précuite

1 blanc de poireau
15 mL (1 c. à table) de beurre + 15 mL (1 c. à table) d'huile végétale

6 tranches de jambon minces
250 mL (1 tasse) de fromage gruyère râpé + 30 mL (2 c. à table) de parmesan râpé

4 oeufs
500 mL (2 tasses) de crème épaisse
15 mL (1 c. à table) de beurre fondu
Sel + poivre du moulin et une pointe de poivre de cayenne, muscade râpée.

1 - Précuire l'abaisse de tarte au four à 200°C (400°F), de 10 à 12 minutes Prendre soin de piquer l'abaisse à la fourchette et de poser un papier ciré ou aluminium couvert de riz ou de haricots secs sur l'abaisse, afin que celle-ci garde sa forme et se fixe bien.

2 - Faire fondre le beurre et bien chauffer l'huile, faire revenir le blanc de poireau finement émincé. Faire revenir au beurre les 6 tranches de jambon. Les laisser égoutter et les placer sur le fond de l'abaisse précuite, ajouter les poireaux et saupoudrer de fromage gruyère râpé et d'un peu de parmesan.

3 - Battre les oeufs et la crème épaisse ou moitié crème légère, le sel, le poivre, la pointe de muscade et la cayenne. Verser sur le jambon et les fromages. Arroser de la cuillerée de beurre fondu.

4 - Cuire au four préchauffé à 190°C (375°F), environ 35 minutes ou jusqu'à ce que la lame d'un couteau sorte bien propre lorsqu'on l'enfonce au centre de la quiche.

Pâte à tarte infaillible

1 kg (4 1/2 à 5 tasses) de farine tout usage
15 mL (1 c. à table) de sel + 10 mL (2 c. à thé) de poudre à lever chimique
15 mL (1 c. à table) de cassonade

500 g (1 livre) de shortening ou graisse végétale

185 mL (3/4 tasse) d'eau tiède-chaude
1 gros oeuf entier battu + 15 mL (1 c. à table) de jus de citron ou de vinaigre

1 - Dans un grand bol à mélanger déposer la farine, la poudre à lever, le sel et le sucre brun. Pratiquer une fontaine au centre et y déposer 500 g (1 livre) de shortening ou de graisse végétale (ou mieux encore moitié shortening et moitié beurre doux). À l'aide de deux couteaux, couper le gras et l'incorporer à la farine, jusqu'à l'obtention de morceaux gros comme une noisette. Ajouter le liquide d'un trait et bien mélanger. Fraiser la pâte sur une surface enfarinée. Réfrigérer.

Pâté de foie à la normande

500 g (1 livre) de foie de porc ou 500 g (1 livre) de foies de poulet
250 g (1/2 livre) de gras de porc ou de panne coupée en dés

2 oeufs

1 gros oignon + 2 échalotes grises + 4 grosses gousses d'ail, émincées

15 mL (1 c. à table) de sel, poivre du moulin (10 à 12 tours)
Pointe de muscade râpée
Pincées de: thym, sauge et laurier
185 mL (3/4 de tasse) de crème légère ou double
30 mL (2 c. à table) de farine tout usage

1 - Au hache-viande ou au robot culinaire, réduire en purée les foies et le gras de porc ou la panne en dés.

2 - Faire revenir 15 mL (1 c. à table) de beurre, 15 mL (1 c. à table) d'huile végétale, l'oignon émincé, l'ail et les échalotes grises. Ne pas les laisser prendre couleur. Ajouter au foie haché ou en purée.

3 - Joindre les oeufs, la crème légère ou double, la farine et les assaisonnements. Bien brasser afin de rendre le mélange homogène. Vérifier l'assaisonnement. Porter à ébullition une petite quantité d'eau et pocher une petite boulette de l'appareil. Goûter et rectifier s'il y a lieu.

4 - Verser l'appareil dans un long moule à pain, habillé de petites bardes de lard. Cuire au bain-marie ou dans un plat contenant au moins 2,5 cm (1 po) d'eau chaude au four à 160°C (325°F), environ 1 heure 20 minutes ou jusqu'à ce que ce soit bien cuit (lorsque piqué avec une broche ou un bâtonnet en bambou, le liquide de cuisson doit être limpide et non rosé).

5 - Sortir du four et laisser refroidir sur une grille. On peut «bloquer» ou déposer une pesée, telle une brique habillée de papier aluminium afin de bien tasser le pâté.

6 - Servir accompagné de cornichons au sel et de bon pain bien frais.

NOTE. — Ce pâté se congèle très bien ou se garde au réfrigérateur plusieurs jours, couvert d'une belle couche de son gras naturel.

Rillettes de porc

1,5 kg (3 lb) de porc dans l'épaule
1,5 kg (3 lb) d'échine de porc

2 poireaux émincés
2 gros oignons émincés
Poivre du moulin + au moins 30 mL (2 c. à table) de sel
500 mL (2 tasses) de vin blanc sec ou cidre sec
Eau pour quasi couvrir
2 à 3 feuilles de laurier
Pincée de thym, de marjolaine et de tout-épices (*allspice*)
4 pointes d'ail émincées

1 - Couper la viande de porc en cubes grossiers et demander au boucher de découper les morceaux d'échine en pièces de 6 cm (3 po). Déposer les viandes (on peut ajouter 1 ou 2 rognons de porc ou de veau en dés) dans une cocotte en fonte émaillée ou marmite à fond épais. Y déposer les poireaux émincés, les oignons, le vin blanc sec, l'eau pour quasi couvrir, le laurier, le thym et la marjolaine (ajouter les fines herbes en 2 fois, un peu au début de la cuisson, et vérifier l'assaisonnement en fin de cuisson. 2 pointes d'ail en début de cuisson et 2 pointes d'ail émincées en fin de cuisson. Sel, poivre et pointe de tout-épices ou 4 épices.

2 - Porter à ébullition et laisser mijoter doucement durant quelques heures à demi couvert. Les viandes doivent cuire, s'imbiber des liquides et être réduites en purée.

3 - 30 minutes avant la fin de la cuisson, vérifier l'assaisonnement et ajouter l'ail. La viande doit se défaire à la fourchette et le liquide être tout absorbé.

4 - Retirer les os avec beaucoup de soins et défaire la viande avec la fourchette (façon classique) ou battre à la mixette jusqu'à l'obtention d'une belle purée de viande encore filamenteuse. Déposer dans des moules en aluminium (car les rillettes se congèlent très bien) ou dans de petites terrines ou bols.

5 - Laisser refroidir à la température de la pièce et ensuite, réfrigérer ou surgeler.

Déguster avec du bon pain de ménage, une bonne baguette ou des toasts type Melba.

Aspic tomaté à la portugaise

4 sachets de gélatine neutre 60 mL (4 c. à table) de gélatine
250 mL (1 tasse) d'eau froide ou de jus de pommes

1,5 L (6 tasses) de jus de tomates ou de jus de légumes
1 grosse pomme verte acide en menus morceaux
2 oignons moyens en menus dés
2 branches de céleri + les feuilles en menus dés
1 poivron vert finement émincé
1 poivron rouge finement émincé
15 mL (1 c. à table) de sel + poivre du moulin
2 mL (1/2 c. à thé) de coriandre moulue
1 feuille de laurier
60 mL (4 c. à table) de sucre blanc
30 mL (2 c. à table) de vinaigre blanc ou de cidre

125 mL (1/2 tasse) de sherry doux ou sec

1 - Faire gonfler la gélatine neutre sur la tasse d'eau ou de jus de pommes.

2 - Porter à ébullition le jus de tomates, les oignons, la pomme en dés, le céleri en dés, les poivrons rouge et vert en dés, le sel, le poivre du moulin, la coriandre moulue, la feuille de laurier, le sucre et le vinaigre blanc ou de cidre, cuire à gros bouillons une dizaine de minutes.

3 - Retirer de la source de chaleur et ajouter la gélatine gonflée. Faire fondre la gélatine en brassant à la cuiller de bois. (À ce point, si désiré, ajouter quelques gouttes de sauce *Tabasco* pour une saveur piquante.)

4 - Passer à l'étamine ou au tamis ou, pour une texture plus croquante, laisser les légumes. Vérifier l'assaisonnement et la saveur. Ajouter le sherry. Verser dans un moule en couronne d'une capacité de 2 L (8 tasses) ou dans de petits moules individuels. Réfrigérer au moins 12 heures.

5 - Servir très froid et la gelée bien prise sur un lit de feuilles de laitue, de cresson ou de persil.

NOTE. — On peut garnir la cavité de la couronne d'aspic aux tomates avec une salade de lamelles ou de dés de poires d'avocats additionnée d'une vinaigrette à l'ail et au citron.

Ou remplir la cavité de la couronne d'aspic aux tomates par une purée de poire d'avocat telle que la *GUACAMOLE* à la mexicaine: Écraser à la fourchette la chair de 2 à 3 poires d'avocats mûres, le jus de citron, vert de préférence, 2 pointes d'ail émincées et 1 petit oignon râpé, le sel, le poivre et quelques gouttes de sauce *Tabasco* ou une pincée de poudre de chili et une bonne poignée de fromage râpé type cheddar mi-fort, gruyère ou brick. Vérifier l'assaisonnement. Réfrigérer la purée d'avocat en prenant soin de déposer au centre de la purée le noyau de la poire d'avocat, celui-ci empêche la purée de noircir ou de s'oxyder au contact de l'air. Servir très frais avec quelques petites croustilles de maïs, nature ou entouré de crudités variées bien fraîches.

Granité à la framboise

**750 mL (3 tasses) d'eau + 125 mL (1/2 tasse) de sucre
+ zeste de citron
430 mL (1 3/4 tasse) de framboises non sucrées surgelées
160 mL (2/3 tasse) de liqueur de framboises ou d'alcool de framboises**

1 - Porter à ébullition l'eau, le sucre et le zeste de citron, cuire 5 minutes.

2 - Ajouter les framboises surgelées et un jus de citron. Cuire quelques minutes ou jusqu'à ce que les framboises se défassent et forment un mélange homogène. (La présentation ne doit pas être douce.)

3 - Passer les framboises au mélangeur ou au robot culinaire. Passer à l'étamine ou dans un tamis. Ajouter l'alcool ou la liqueur de framboises. Bien brasser et déposer dans un plat allant au congélateur.

4 - Déposer au congélateur et racler le tour du plat où les cristaux se forment. Lorsque presque cristallisé, passer le granité au robot culinaire ou en petites quantités au mélangeur (le robot réussit les granités et sorbets d'une façon spectaculaire).

5 - Retourner le granité fouetté au congélateur. Au moment de servir, sortir du congélateur et laisser reposer à la température ambiante pendant 5 minutes. Servir en petites boules dans des verres à vin. (Par exemple: utiliser les verres droits à vin rosé). Garnir d'une feuille de mélisse, menthe fraîche ou de géranium à la rose.

Le granité aux framboises, remplace ou fait office de TROU NORMAND, avant les fromages et la salade.

Plus sucré, on peut le servir pour dessert accompagné d'un petit biscuit à la cuiller ou galette maison.

Liqueur maison à la framboise

Poids égal de sucre et de framboises bien propres. Déposer dans un pot qui ferme hermétiquement.

Couvrir d'alcool blanc, tel *vodka* ou alcool à 90 p. 100. Fermer hermétiquement. Laisser mûrir et vieillir au moins 3 mois.

(Les framboises donneront leur jus et la liqueur deviendra rouge et parfumée à la framboise.)

NOTE. — Même recette pour tous les petits fruits. Ne pas agiter pendant le temps de maturation.

Salade de petites laitues, de poires et de bleu d'Auvergne

Dans un saladier, déposer dans l'ordre: des feuilles d'épinards et des petites laitues telles que la rugola, la scarole, la boston et la chicorée.

Superposer une rangée de lamelles de poires fraîches, tout autour du bol.

Égrener du bleu d'Auvergne (ou bleu danois) au centre. Parsemer de noix.

Servir l'huile d'olive et le vinaigre de vin blanc à l'estragon ou du jus de citron à part. Chaque convive prépare sa salade et ajoute les assaisonnements à son gré.

Mignardises anglaises

250 mL (1 tasse) de beurre doux ou salé
250 mL (1 tasse) de cassonade
500 mL (2 tasses) de farine tout usage

4 gros oeufs
250 mL (1 tasse) de cassonade
30 mL (2 c. à table) de farine tout usage
250 mL (1 tasse) de noix de coco
500 mL (2 tasses) de pacanes ou noix de Grenoble hachées

Préparation de la pâte-biscuit:

1 - Réduire en crème le beurre et la cassonade. Ajouter la farine. La pâte sera lourde. Bien l'étendre avec les mains sur une plaque à gâteau roulé de 43 x 25 x 2 cm (15 x 10 x 1 po). Bien presser la pâte avec les paumes des mains afin de bien couvrir la plaque. Cuire au four préchauffé à 190°C (375°F), pendant 15 minutes.

2 - Préparation de l'appareil aux noix:
Battre les oeufs, la cassonade et 30 mL (2 c. à table) de farine. Ajouter la noix de coco et les noix hachées.

3 - Verser la préparation aux noix sur la pâte précuite. Retourner au four et cuire 20 minutes.

4 - Sortir du four et IMMÉDIATEMENT saupoudrer de sucre blanc granulé.

Lorsqu'à demi refroidi, couper en losanges de très petite taille.

Comment couper les mignardises en losanges

Couper droit à intervalle de 2,5 cm (1 po) sur le sens de la longueur et couper en biais sur le sens de la largeur.

Lorsque les mignardises anglaises sont refroidies complètement, les ranger dans une boîte métallique fermant hermétiquement. (Entre chaque rangée de gâteaux, déposer une feuille de papier ciré ou une pellicule de plastique afin de protéger les mignardises et faciliter le rangement.)

Le brunch du jour des Rois

Les Ukrainiens célèbrent leur fête de Noël le 6 janvier. Aussi, pour plusieurs enfants dans le monde, le jour des Rois demeure la tradition du «Petit Noël». La veille, le 5 janvier au soir, les enfants cirent bien brillantes leurs plus belles chaussures et les déposent près de l'âtre de la cheminée ou près d'une porte d'entrée. Et par «magie», le lendemain, les enfants trouvent les chaussures remplies de douceurs, quelques pièces de monnaie et peut-être un mot spécialement écrit par l'un des rois mages.

Ensuite, on passe à table pour un léger petit déjeuner, car la fête commence réellement vers 11 heures, quand les invités arrivent pour déguster la couronne ou la galette des rois.

Le roi et la reine d'un jour devront «payer» la rançon d'une gloire éphémère en offrant une fête le jour de la Chandeleur, le 2 février.

AU MENU

Cidre chaud en tasses

Compote de fruits secs et d'abricots au sirop

Omelettes individuelles,
aux garnitures salées et sucrées

Garnitures salées:
Garniture aux saucisses grillées ou rôties
Garniture au *chorizo* espagnol
Garniture aux pommes de terre lyonnaise
Garniture au bacon fumé croustillant
Garniture aux poivrons verts et rouges à la portugaise
Garniture à la sauce bâtarde et au jambon

Garnitures sucrées:
Garniture à la marmelade d'oranges
et à la liqueur d'oranges
Garnitures de gelées de cassis, de framboises
ou de groseilles

Omelette flambée au rhum

Galette à la *frangipane*

Couronne des rois de l'Amérique latine
(*La rosca de los reyes*)

Chocolat au lait à l'espagnole

Cidre chaud en tasses

Chauffer presque à ébullition 2 L (2 pintes) ou plus de cidre bien sec, 1 bâton de cannelle naturelle,1 spirale de pelure de pomme piquée de 3 clous de girofle, la pomme pelée et coupée en dés fins. Laisser MIJOTER ou INFUSER le cidre chaud au moins 30 minutes. Servir en tasses.

Compote de fruits secs et d'abricots au sirop

375 mL 1 sachet (12 oz) de pommes séchées en tranches
375 mL 1 sachet (12 oz) de pruneaux très gros ou plus si désiré
375 mL 1 sachet (12 oz) d'abricots secs
375 mL 1 sachet (12 oz) de morceaux de poires ou de pêches séchées
Eau pour couvrir

1 petite boîte d'abricots au sirop

1 - Bien rincer les fruits secs. Les déposer dans une casserole et couvrir d'eau. Laisser tremper et gonfler les fruits 30 minutes dans l'eau.

2 - Porter le tout à ébullition. Baisser la source de chaleur et laisser mijoter une quinzaine de minutes ou jusqu'à ce que les fruits soient bien tendres MAIS NON DÉFAITS en purée. Retirer du feu.

3 - Laisser tiédir les fruits et les déposer dans un bol de présentation (de préférence, transparent). Ajouter les abricots au sirop. Laisser refroidir au moins 12 heures. (NE pas sucrer.) (À ce stade, on peut ajouter 40 à 50 mL (3 c. à table) de brandy à l'abricot.)

4 - Servir la compote dans de petits bols et surmonter, si désiré, d'une tranche ou quartier de Kiwi.

Omelettes individuelles, aux garnitures salées et sucrées

Les omelettes peuvent se préparer en cuisine et les garnitures déjà préparées sont placées sur la table. On peut prévoir des garnitures très variées et les déposer en caquelons ou raviers; comme pour une fondue bourguignonne. Chaque convive garnit son omelette et, souvent, se prépare des concoctions inimaginables.

Les omelettes peuvent aussi se préparer à table sur un biplan à raclette ou dans une belle poêle en cuivre sur un réchaud au méthyl-hydrate. Toutefois, la vraie et unique poêle spéciale à omelette et la préparation en cuisine sont les ingrédients pour la réussite d'omelettes «feuilletées» et bien chaudes.

Pour chaque convive, prévoir:

2 ou 3 oeufs + 15 mL (1 c. à table) d'eau tiède
5 mL (1 c. à thé) de beurre en dés. Poivre du moulin. Ne saler qu'après cuisson.

1 - Battre légèrement les oeufs avec l'eau, le beurre en dés et le poivre.

2 - Faire chauffer une poêle spéciale à omelette en acier bleu ou un poêlon de 15 à 18 cm (6 à 7 po) de diamètre à revêtement anti-adhésif. Faire fondre 30 mL (2 c. à table) de beurre, bien blond et mousseux. Verser les oeufs battus.

3 - Secouer la poêle de droite à gauche en formant des cercles. Répéter l'opération 4 fois ou brasser délicatement à la fourchette en quelques mouvements «d'aller-retour», afin de «feuilleter» l'omelette.

4 - Lorsque l'omelette est encore «baveuse» ou encore coulante en surface, déposer la garniture choisie ou servir ouverte sur une assiette. Chaque convive garnit l'omelette à son gré. La plier en 2 ou la rouler.

5 - Pour une omelette nature: Plier vers le centre la partie de l'omelette opposée à la queue du poêlon, et au-dessus de l'assiette de présentation, terminer de plier en la roulant (donc pliée en 3, face bombée sur le dessus).

Garniture aux saucisses grillées ou rôties

Piquer des petites saucisses anglaises à déjeuner, des saucisses de Toulouse ou des *Merguez*. Les déposer dans un poêlon froid, et à un feu modéré, cuire lentement les saucisses en les tournant. Lorsqu'elles sont bien cuites, les parsemez de persil haché et prévoir un bol de menthe hachée à part. On peut aussi couper les saucisses dans le biais.

Garniture au *chorizo* espagnol

Retirer la chair du *chorizo* de son enveloppe et la faire frire dans un peu d'huile.

Garniture aux pommes de terre lyonnaise

3 ou 4 grosses pommes de terre cuites coupées en dés ou en lamelles
1 gros oignon + 1 blanc de poireau émincé
45 mL (3 c. à table) d'eau + 5 mL (1 c. à thé) de vinaigre blanc

45 mL (3 c. à table) de beurre + 15 mL (1 c. à table) de saindoux ou d'huile végétale
Sel — poivre — pointe de muscade

1 - Chauffer le beurre et l'huile ou le saindoux. Lorsque c'est bien chaud, faire revenir les oignons et le poireau émincés. Ajouter l'eau et le vinaigre. Couvrir à demi, attendrir les oignons et les faire rissoler très peu.

2 - Ajouter les pommes de terre, mélanger délicatement aux oignons et cuire jusqu'à ce que ce soit bien chaud et légèrement rissolé. Saler, poivrer et, au goût, ajouter une pointe de muscade.

Garniture au bacon fumé croustillant

Cuire du bacon bien sec et croustillant. L'égoutter et l'émietter. Au bacon émietté, ajouter 3 petits oignons verts finement émincés (blancs et verts) et une pincée de persil ou de thym frais.

Garnir l'omelette de bacon et peut-être aussi, d'un peu de pommes de terre.

NOTE. — Bacon sec croustillant cuit au four, voir menu Brunch aux États-Unis.

Garniture aux poivrons verts et rouges à la portugaise

1 gros poivron rouge et un vert, coupés en lamelles
1 gros oignon émincé
3 tomates fraîches et blanchies ou 375 mL (12 oz) de tomates en conserve
Pincée de sucre — sel et poivre
Un soupçon de piments secs forts

1 - Faire revenir à l'huile chaude les poivrons coupés en lamelles, ajouter les oignons et les faire revenir jusqu'à ce qu'ils soient transparents.

Ajouter les tomates, la pincée de sucre, sel, poivre et un peu de piments secs forts. Laisser mijoter et réduire légèrement. Servir chaud ou froid.

NOTE. — Une petite pointe de safran donne une couleur et un goût exquis.

Garniture à la sauce bâtarde et au jambon

30 mL (2 c. à table) de beurre
30 mL (2 c. à table) de farine

375 mL (1 1/2 tasse) d'eau
Grosse pincée de sel, poivre du moulin
5 mL (1 c. à thé) de moutarde de Dijon et une pointe de moutarde canadienne préparée
Jus de 1/2 citron
1 jaune d'oeuf
1 cornichon à l'aneth (*dill*) finement haché
5 mL (1 c. à thé) de câpres (facultatif)
250 mL (1 tasse) de jambon ou plus, coupé en dés (ou de la chair de crabe pour une autre garniture)
Pincée de cerfeuil ou de fines herbes de Provence

1 - Dans un caquelon de taille moyenne, faire fondre le beurre jusqu'à ce qu'il soit bien chaud et mousseux, ajouter la farine et brasser le «roux blanc» jusqu'à la formation de mousse ou de bulles. Verser d'un trait l'eau. Cuire quelques minutes en brassant avec la cuiller de bois.

2 - Ajouter les assaisonnements et le jus de citron. Cuire jusqu'à bouillonnement. Battre vivement le jaune d'oeuf dans la sauce. (Vérifier l'assaisonnement.) Ajouter les dés de jambon.

Servir très chaud ou même tiède.

Garniture à la marmelade d'oranges et à la liqueur d'oranges

Faire fondre la marmelade et ajouter un filet de liqueur d'oranges. On peut aussi saupoudrer l'omelette, pliée en deux et bien chaude, de sucre granulé et flamber la marmelade et la liqueur d'oranges bien chaudes.

(Verser sur l'omelette. Le sucre granulé provoque la flamme.)

Garnitures aux gelées de choix

Faire fondre les gelées et les servir chaudes en caquelons ou déposer tout simplement quelques cuillerées de gelée de votre choix. Plier l'omelette. La chaleur de l'omelette fera fondre la confiture ou la gelée.

Omelette flambée au rhum

Préparer l'omelette, la plier en 2 ou en 3. Saupoudrer de sucre granulé. Chauffer du rhum brun ou blanc et verser sur l'omelette. Flamber.

Galette à la *frangipane*

La crème *frangipane* est tout simplement une crème pâtissière bien épaisse à laquelle on ajoute des macarons ou *amaretti* italiens écrasés ou à défaut d'*amaretti*, incorporer 125 mL (1/2 tasse) de pâte d'amande.

Pâte feuilletée surgelée
Crème *frangipane*
Crème pâtissière

Pois, fèves ou haricots secs

Préparation de la crème pâtissière et de la frangipane

1 - Dans un bol, mélanger 125 mL (4 oz) de farine, 125 mL (4 oz) de sucre, 30 mL (2 c. à table) de fécule de maïs et 3 oeufs entiers. Battre le tout à froid et ajouter à ce mélange 750 mL (3 tasses) de lait froid. Brasser. Déposer le tout dans une casserole à fond épais et brasser jusqu'à épaississement. TOUJOURS BRASSER À LA CUILLER DE BOIS JUSQU'À CONSISTANCE TRÈS ÉPAISSE.

Séparer la crème pâtissière en 2 portions. Aromatiser l'une d'essence de vanille et ajouter à l'autre 8 macarons écrasés ou la pâte d'amande. Bien battre. Laisser refroidir.

2 - Abaisser la pâte feuilletée de commerce très mince. Couper un cercle de 25 cm (10 po) et un autre de 23 cm (9 po).

3 - Sur le cercle de pâte de 23 cm (9 po), brosser ou asperger d'eau (cette opération aide la pâte feuilletée à lever). Asperger aussi d'eau la plaque de cuisson.

Étaler à 2,5 cm (1 po du bord de la pâte, la crème *frangipane* en réservant un espace de 10 cm (4 po) au centre pour la crème pâtissière. Y mettre le pois ou la fève. Mouiller d'eau la bordure de la pâte.

4 - Couvrir de l'abaisse de pâte de 25 cm de diamètre (10 po). Pratiquer quelques incisions en bordure avec un couteau

pointu , ou avant de couvrir, plier la pâte en deux et, à 2,5 cm (1 po) de la bordure, pratiquer des incisions. COUPER à l'emporte-pièce de 5 cm (2 po) rond une ouverture au centre. Brosser la galette d'eau froide et saupoudrer de sucre granulé.

Cuire au four à 190°C (375°F), jusqu'à ce que ce soit bien doré et que la pâte soit bien levée et feuilletée.

La Rosca de reyes (couronne du jour des Rois de l'Amérique latine)

1 sachet ou 15 mL (1 c. à table) de levure sèche active granulée
250 mL (1 tasse) d'eau chaude + 5 mL (1 c. à thé) de sucre blanc
Facultatif: pincée de gingembre en poudre afin d'activer la levure

120 mL (8 c. à table) de beurre mou + 75 mL (5 c. à table) de sucre blanc
2 gros oeufs entiers + 2 jaunes d'oeufs
Zeste d'un gros citron vert ou jaune
2 mL (1/2 c. à thé) de sel

750 mL (3 tasses) de farine tout usage ou à pain
250 mL (1 tasse) de fruits confits variés + 10 amandes blanchies en copeaux
2 mL (1/2 c. à thé) de cannelle moulue

1 petite poupée miniature de porcelaine ou un sou neuf, bien propre

Glace:

90 mL (6 c. à table) de sucre à glacer + jus de 1/2 citron + 10 mL (2 c. à thé) d'eau ou de lait

1 - Dans une tasse à mesurer de verre ou un bol, verser l'eau chauffée à 44°C (110°F), 5 mL (1 c. à thé) de sucre et une pincée de gingembre. Saupoudrer la levure sèche active et faire gonfler au moins 10 minutes.

2 - Dans un grand bol à mélanger, bien brasser le beurre mou, le sucre, les oeufs entiers, les jaunes d'oeufs, le sel et le zeste de citron. Ajouter la moitié de la farine et bien brasser.

3 - Bien fariner les fruits confits et les amandes. Ajouter la cannelle. Étendre ou saupoudrer la farine et les fruits sur une planche de travail. Y verser la boule de pâte. Bien PÉTRIR.

4 - PÉTRIR au moins 10 minutes en prenant soin de faire pénétrer les fruits et les amandes. La pâte deviendra lisse, souple, et ne collera plus au toucher. Insérer la poupée de porcelaine ou le sou bien propre.

5 - Façonner la pâte en couronne (c'est-à-dire, former un cylindre de pâte de 46 à 50 cm (18 à 20 po) de longueur. Sur une plaque à pâtisserie légèrement graissée, former la couronne en JOIGNANT les extrémités de la pâte.) Afin de procurer une couronne bien formée: déposer au centre de la couronne un bol de pyrex, 15 minutes avant la fin de la cuisson, retirer le bol et continuer de cuire.

COUVRIR la couronne d'une pellicule de plastique lâche ou d'un linge de toile bien propre. Faire gonfler au double du volume initial.

6 - Badigeonner la couronne bien levée de beurre fondu. CUIRE au four à 180 à 190°C (350 à 375°F) de 35 à 40 minutes. Refroidir sur une grille à pâtisserie.

7 - Préparation de la glace: dans une petite casserole, déposer le sucre glace, le jus du demi-citron et 10 mL (2 c. à thé) de lait ou d'eau. À feu doux, faire fondre et rendre bien lisse la glace. Verser inégalement sur la couronne.

NOTE. — LA LÉGENDE VEUT que celui qui trouve le sou ou la poupée donne une fête le jour de la Chandeleur, le 2 février, journée célébrant les parrains et leurs filleuls.

Chocolat au lait à l'espagnole

Sirop au chocolat maison

**125 mL (4 oz) de chocolat amer
250 mL (8 oz) d'eau
60 mL (4 c. à table) de sucre
Pincée de sel
5 mL (1 c. à thé) d'essence de vanille**

1 - Dans une casserole contenant 2 L (2 pintes), chauffer le chocolat, l'eau, le sucre et la pincée de sel. Porter à grosse ébullition et retirer du feu. Répéter l'opération 3 fois (ce procédé supprime l'amertume et l'amidon du chocolat ou du cacao). Parfumer de vanille. (Ce sirop se garde 1 mois dans un pot bien fermé au réfrigérateur.)

2 - Chocolat au lait à l'espagnole:

Dans une chocolatière de 1 à 2 L (1 à 2 pintes), verser la recette de sirop au chocolat maison, 1 L (1 pinte) de lait (ou eau et lait en poudre) et 1 bâton de cannelle naturelle. Porter presque à ébullition. Laisser mijoter au moins 15 minutes à feu très doux, toujours en BRASSANT au fouet en spirale ou au «*molinillo* de bois». Au moment de servir, BATTRE VIVEMENT 2 jaunes d'oeufs crus. Bien faire mousser. Servir immédiatement en versant le chocolat de très haut dans la tasse. Le chocolat au lait sera bien bouillant, odorant et mousseux. Sucrer au gré de chaque convive.

Les adultes ajoutent souvent et avec une main leste et généreuse, de la liqueur de café ou du xérès.

Les crêpes
de la Chandeleur

La coutume de «sauter» les crêpes le jour de la Chandeleur le 2 février ou le mardi-gras est rattachée à un folklore, à des traditions qui tiennent presque à du fétichisme légendaire dans certaines régions du globe.

Pour certains, les crêpes de la Chandeleur représentent l'espoir du printemps. Pour d'autres, c'est une promesse de bonheur, de chance et de prospérité... si d'une main on fait sauter bien haut une crêpe et qu'on la rattrape dans la poêle. Si la crêpe est parfaitement réussie, c'est un gage de réussite pour l'année qui commence... une année remplie de bonheur... et de beaucoup d'argent.

Les crêpes sont de mise à toute heure de la journée, selon les apprêts et déguisements qu'on leur donne. Les crêpes s'accomodent aussi bien d'un reste de viande, de légumes, de poissons, des crustacés les plus fins ou de fruits. Elles se dégustent chaudes, froides, au sucre, en sauces salées ou sucrées, flambées ou soufflées.

L'art de faire des crêpes-dentelles, requiert un peu de précision et un bon «tour de main». Il est suggéré de préparer une bonne quantité de crêpes fines et de les congeler par petites quantités de 6 ou 8 crêpes par enveloppes. Ainsi, vous aurez toujours un dessert d'envergure ou une entrée très recherchée et cela, à la toute dernière minute.

AU MENU

Punch au vin chaud aux épices
Pichets de jus d'oranges et jus de mandarines

Gâteau de crêpes aux épinards et au jambon
Crêpes farcies aux oeufs durs et à la sauce au cari
Crêpes aux bananes flambées
Crêpes au chocolat et au Grand Marnier

Corbeille de fruits frais variés

Café
Chocolat au lait à l'espagnole

Appareil de base pour les crêpes fines

On peut réduire de moitié les ingrédients afin d'obtenir une petite quantité de crêpes.

Cependant, il est très avantageux de préparer ces crêpes d'avance et de les congeler en sachets de 4, 6 ou 8 crêpes individuellement. Sortir du congélateur au moins 1 heure avant d'utiliser. Les crêpes se décolleront très facilement. Pour un travail de perfectionniste, on peut déposer une petite feuille de papier ciré entre chaque crêpe.

500 mL (2 tasses) de farine tout usage
15 mL (1 c. à table) de sucre blanc
5 mL (1 c. à thé) de sel

4 gros oeufs
500 mL (2 tasses) de lait
250 mL (1 tasse) d'eau

60 mL (4 c. à table) de beurre doux fondu

1 - Brasser les ingrédients secs puis ajouter les oeufs, 500 mL (2 tasses) de lait et 250 mL (1 tasse) d'eau, 60 mL (4 c. à table) de beurre. BIEN BATTRE afin de rendre la préparation homogène.

2 - Laisser reposer l'appareil à crêpes au moins 1 heure. La consistance du mélange après repos doit avoir l'apparence d'une crème légère. Au besoin, ajouter un peu de lait ou d'eau tiède.

3 - Chauffer une poêle de 15 cm (6 po) de diamètre. Brosser le fond de beurre fondu à l'aide d'un pinceau à pâtisserie. Hors du feu: pencher la poêle bien chaude et verser 45 mL (3 c. à table) d'appareil dans la partie penchée. Tourner la poêle en effectuant des cercles afin de bien distribuer la pâte sur toute la surface. (Travailler vite afin d'empêcher toute coagulation.)

4 - Cuire sur feu vif et, lorsque les bords commencent à dorer, retourner à l'aide d'une pointe de couteau ou d'une spatule. On peut aussi «sauter» les crêpes avec un bon tour de main. Il est suggéré de travailler avec 2 poêles.

Rendement: au moins 36 petites crêpes fines.

Gâteau de crêpes
aux épinards et au jambon

8 à 10 crêpes fines
1 recette de sauce bâtarde au jambon (voir: Menu des Rois)
Épinards à la crème
Fromage à gratiner cheddar ou gruyère râpé
Parmesan râpé

1 - Superposer les crêpes en alternant une rangée de farce ou de préparation aux épinards à la crème et préparation ou sauce au jambon, saupoudrer d'un peu de fromage râpé de votre choix. Monter le «gâteau» jusqu'à épuisement des éléments.

2 - Napper le gâteau de crêpes avec un peu de sauce au jambon et déposer une bonne couche de fromage râpé, soit cheddar ou gruyère et parmesan.

3 - Passer au four modéré à 180°C (350°F) de 12 à 15 minutes ou jusqu'à ce qu'il soit bien chaud et gratiné. Servir en pointes.

Ce gâteau peut s'accomoder de tous les petits restes de poissons, viandes et légumes. On peut préparer une sauce aux champignons ou utiliser un velouté en sachet.

Épinards à la crème:

500 mL (1 lb) d'épinards frais ou 1 boîte d'épinards surgelés
1 petit oignon ou 2 échalotes grises, émincées
45 mL (3 c. à table) de beurre
125 mL (1/2 tasse) de crème épaisse ou, pour les diètes: lait évaporé
Sel, poivre du moulin et une pointe de muscade

Blanchir les épinards frais ou chauffer les épinards surgelés dans une poêle contenant un peu d'eau. Lorsque cuits et bien verts (quelques minutes), égoutter et presser les épinards dans un tamis afin de bien enlever l'excédent d'eau. des épinards.

Hacher les épinards et les faire revenir dans un poêlon contenant 30 mL (2 c. à table) de beurre bien mousseux et chaud et un petit oignon émincé et revenu. Bien mélanger épinards et oignon. Lorsque c'est bien chaud, verser la crème et assaisonner de sel, de poivre et d'une pointe de muscade.

À cette recette d'épinards, on peut ajouter des moules ou des huîtres pochées et farcir de grandes crêpes fines de 25 à 30 cm (10 à 12 po). Rouler. Gratiner et couper en morceaux de 3 à 5 cm (1 à 2 po). Servir comme hors-d'oeuvre chaud, piqué d'un bâtonnet de bambou surmonté d'un cube de fromage et d'une tomate miniature.

Crêpes farcies aux oeufs durs et à la sauce au cari

30 mL (2 c. à table) de beurre + 15 mL (1 c. à table) d'huile végétale
30 mL (2 c. à table) de farine
1 petit oignon émincé

10 mL (2 c. à thé) ou plus de poudre de cari
1 petite pomme verte acide, pelée et coupée en fins dés
15 mL (1 c. à table) de noix de coco
15 mL (1 c. à table) de raisins secs
Jus de 1 citron

375 mL (1 1/2 tasse) de bouillon de poulet
125 mL (1/2 tasse) de crème

6 oeufs durs, épluchés et coupés en gros morceaux
10 à 12 crêpes et fromage à gratiner

1 - Dans une casserole à fond épais, faire fondre le beurre et l'huile et, lorsqu'ils sont bien chauds, ajouter l'oignon émincé et faire revenir blond; ajouter la poudre de cari et la cuire sans la brûler, ajouter la farine et cuire le roux puis verser d'un trait le bouillon (ou moitié eau moitié bouillon). Ajouter la pomme en fins dés, les raisins, la noix de coco râpée et porter à ébullition. Ensuite, laisser mijoter à feu doux en brassant à la cuiller de bois. Saler, poivrer et ajouter un filet de jus de citron. Goûter. (Ajouter le jus d'un gros citron.) Lorsque la sauce est bien cuite et bien à point, la terminer en ajoutant de la crème épaisse ou fraîche (recette menu Petit déjeuner à la française). Y joindre les oeufs durs coupés en gros morceaux.

2 - Farcir les crêpes et les rouler. Les déposer dans un plat à gratin beurré. Parsemer d'un peu de sauce et de fromage gruyère râpé (ou 15 mL (1 c. à table) de beurre fondu et fromage à gratiner).

3 - Passer au four à 190°C (375°F), jusqu'à ce que ce soit bien chaud et gratiné.

Crêpes aux bananes flambées

8 crêpes fines

30 mL (2 c. à table) de beurre
30 mL (2 c. à table) de sucre blanc ou roux
Jus de 1/2 orange et de 1/2 citron

2 bananes coupées en 4

Rhum blanc ou ambré

1 - Dans un poêlon à revêtement anti-adhésif ou en cuivre, faire fondre le beurre bien chaud puis y verser le sucre blanc et la cassonade. Bien brasser. Avant d'obtenir un caramel, ajouter le jus de citron et d'orange. Bien brasser et continuer de cuire jusqu'à l'obtention d'un caramel bien onctueux.

2 - Déposer les morceaux de bananes dans la sauce bien chaude. Lorsque les fruits sont bouillants, verser 60 mL (2 oz) de rhum, chauffer et flamber en passant une allumette enflammée au-dessus des bananes.

3 - Poser un morceau de banane sur une petite crêpe fine bien chaude. Plier en deux ou en quatre et napper d'un peu de sauce.

Se prépare très bien à table sur un poêle ou réchaud au méthyl-hydrate.

Crêpes au chocolat et au Grand Marnier

Crêpes fines
Chocolat à confiserie, râpé ou en copeaux
Liqueur à l'orange (Grand Marnier, Cointreau ou autre)
Sucre à glacer en saupoudroir

Les crêpes doivent être bien chaudes. Déposer sur chacune d'elles un peu de chocolat râpé ou en copeaux. Imbiber de liqueur à l'orange. Plier en quatre et saupoudrer de sucre à glacer.

NOTE. — On peut alterner les saveurs et utiliser du kirsch, de la mirabelle, de l'eau-de-vie de poire ou de framboise.

Autre idée: chauffer de la confiture de cerises noires et 30 à 60 mL (1 à 2 oz) de kirsch et procéder tel que mentionné plus haut, avec ou sans chocolat râpé.

Pour amoureux seulement

Le plateau petit déjeuner au lit

S'offrir une grasse matinée, lui dire... je t'aime, et le sourire aux lèvres, prétendre aller voir le chat qui fait des siennes. Et VLAN! Apparaître avec un joli plateau lit et le petit déjeuner léger mais qui cache sa part d'aphrodisiaques. Se faire plaisir... et donner égoïstement.

Un petit menu qui se prépare la veille et se monte en cinq minutes. Rien ne gâche l'effet-surprise du petit déjeuner au lit comme les «effets» sonores depuis la cuisine où s'éternise la préparation.

Le menu suggéré est mi-froid et mi-chaud... tout comme l'amour quelquefois. La préparation sera simple mais la présentation soignée et recherchée de petites touches de détails. Fleur, rose, quelques feuilles vertes d'une de vos plantes. Aussi, la veille, prévoir les ustensiles, vaisselle, serviettes de table roses, blanches ou rouges. Des carrés de sucre, le petit contenant pour la gelée ou la confiture, bref, faire la mise en place du menu et de sa présentation.

AU MENU

**Flûte de melon cantaloup rose
et framboises au champagne
ou
Suprêmes de pamplemousses roses au sirop de cassis**

**Roulés au jambon
Petites pommes de terre rissolées**

**Muffins aux canneberges
Gelée de groseilles rouges ou confiture de fraises**

**Bol de café au lait parfumé à la cannelle
Surprise gourmande de la Saint-Valentin
Fraises au sucre et au porto**

Flûte de melon cantaloup rose et framboises au champagne

2 flûtes à champagne ou deux tulipes très hautes

1 petit cantaloup à chair rose
Quelques framboises fraîches ou surgelées non sucrées

Champagne ou vin appellation champagne type espagnol, allemand ou italien

1 - Couper le cantaloup en deux, l'évider (garder les graines de melon pour préparer un breuvage très reminéralisant — voir menu VIVA MEXICO).

2 - Avec une petite cuiller à pommes de terre parisiennes, prélever des petites boules dans la chair du melon. Déposer les boules de melon dans un bol ou un pot de verre, ajouter quelques framboises fraîches ou surgelées (il y a des framboises surgelées individuelles et non prises en pain ou en presque purée), 5 à 10 mL (1 à 2 c. à thé) de sucre (pas plus). Couvrir les fruits d'un peu de champagne. Couvrir et laisser au réfrigérateur toute la nuit.

3 - Au moment de servir, déposer les fruits et un peu du liquide de macération dans les flûtes ou verres tulipes. Lorsque bien installé dans le lit avec les plateaux, terminer de remplir les verres de champagne. Garnir de petites feuilles de mélisse, de menthe verte, de quelques brindilles de thym frais ou d'un petit bout de la fougère du salon.

Roulés au jambon

Les roulés se préparent la veille. Très bonne recette aussi pour des petits hors-d'oeuvre froids à l'heure du cocktail.

3 omelettes à 1 oeuf
125 mL (1/2 tasse) de jambon haché
15 mL (1 c. à table) de beurre doux
5 mL (1 c. à thé) de moutarde de Dijon aux herbes de Provence
Petit bouquet de persil finement émincé (au goût, 1 queue d'oignon vert)
15 mL (1 c. à table) de crème s'il y a lieu
Garnitures de tomates miniatures et de cresson

Petites omelettes individuelles

1 - Battre l'oeuf, 15 mL (1 c. à table) d'eau tiède, 5 mL (1 c. à thé) de beurre en dés et du poivre du moulin.

2 - Verser l'oeuf battu dans un poêlon de 15 à 18 cm (6 à 7 po) et 10 mL (2 c. à thé) de beurre. Bien cuire l'omelette sur une face et déposer sur une assiette. Répéter l'opération 2 autres fois.

3 - Préparer l'appareil de jambon: bien malaxer en pommade, le jambon, la moutarde, le beurre, le persil et les queues d'oignon vert hachées. Ajouter un peu de crème si la préparation est trop épaisse.

4 - Étaler délicatement l'appareil de jambon sur chaque omelette. Les superposer et placer le tout sur une pellicule de plastique ou un linge humide. À l'aide de la pellicule ou du linge, retenir les omelettes et façonner en rouleau. Bien serrer la pellicule ou le linge humide afin de bien former le roulé et bien envelopper. Réfrigérer toute la nuit.

5 - Au moment de servir: couper des tranches moyennes et disposer en groupe de trois tranches. Garnir de pommes de terre rissolées bien chaudes (ou d'une salade de riz ou de

kasha à la vinaigrette légère), d'un petit bouquet de cresson et de 2 petites tomates miniatures.

Accompagner de bons muffins aux canneberges, froids ou chauds.

Muffins aux canneberges

C'est une recette délicieuse et ultra-rapide qui nous donne 12 gros muffins, 18 moyens et même 48 muffins miniatures. Le goût acide des petits fruits se résorbe après vieillissement d'au moins 12 heures.

Tenir dans des pots en verre ou dans du papier aluminium au frais.

500 mL (2 tasses) de farine tout usage
7 mL (1 1/2 c. à thé) de poudre à lever chimique
2 mL (1/2 c. à thé) de bicarbonate de soude
250 mL (1 tasse) de canneberges entières fraîches ou surgelées
10 amandes blanchies, coupées grossièrement

2 oeufs entiers
60 mL (4 c. à table) de miel d'abeille (liquide)
Jus d'une grosse orange + le zeste
60 mL (1/4 tasse) de beurre fondu
125 mL (1/2 tasse) de lait ou de babeurre (*buttermilk*)
1 mL (1/4 c. à thé) d'essence de vanille + gouttelette d'essence d'amande

1 - Déposer les ingrédients secs dans un bol à mélanger.

2 - Battre les oeufs, le lait ou le babeurre, le jus, le zeste d'orange, et le beurre fondu. Bien battre à la cuiller de bois.

3 - Verser le mélange liquide sur les ingrédients secs. NE PAS TROP BRASSER, mais seulement amalgamer tous les éléments.

4 - Répartir la pâte dans des moules à muffins graissés ou passés à l'enduit végétal.

5 - Cuire au four à 200°C (400°F), environ 25 minutes ou jusqu'à ce qu'ils soient bien cuits.

6 - Laisser «reposer» les muffins dans les moules 2 minutes et démouler sur une grille à pâtisserie. (Le repos dans les moules hors du four favorise le démoulage.)

7 - Laisser refroidir complètement et ranger dans un pot de verre, de plastique, une boîte métallique ou un papier aluminium. Garder au frais et, préférablement, au réfrigérateur en été. Servir au moins 12 heures après cuisson.

Accompagner de bon beurre frais nature ou fouetté.

NOTE. — À la même recette, on peut OMETTRE les canneberges et remplacer par 250 mL (1 tasse) de bleuets ou de myrtilles frais ou surgelés. Saupoudrer avant de mettre au four de 15 mL (1 c. à table) de sucre blanc et de 2 mL (1/2 c. à thé) de cannelle si désiré.

Surprise gourmande de la Saint-Valentin

C'est une simili-mousse au chocolat blanc. Il va sans dire que la mousse s'accommode aussi de brisures de chocolat doux ou mi-amer.

La présentation de la surprise gourmande au chocolat blanc consiste en une mousse instantanée et surgelée. Servir en très petits ramequins de porcelaine ou petites coupes ou verres à vin. Surmonter au moment de servir d'un pétale de rose rose ou rouge.

Dans le bac du robot culinaire ou du mélangeur, déposer par ordre:

3 oeufs et 80 mL (1/3 tasse) de sucre. Battre bien mousseux.

Ajouter 350 g (12 oz) de chocolat blanc à confiserie en copeaux ou râpé grossièrement et verser d'un trait 250 mL (1 tasse) de lait bouillant. FAIRE MOUSSER JUSQU'À CE QUE LE CHOCOLAT SOIT FONDU.

Verser dans des ramequins ou petites coupes. Porter au congélateur au moins 6 heures.

Garnir d'un pétale de rose rose ou rouge.

Déguster dans les 30 minutes qui suivent. Sinon, il est recommandé de servir la «surprise gourmande» après le petit déjeuner ou servir le ramequin sur un lit de glace pilée.

Fraises au sucre et au porto

Simple, frais et élégant.

Prévoir un petit bol de présentation ou un petit panier en faïence contenant du sucre roux ou de la cassonade et un bol contenant du porto.

Piquer les fraises d'une petite fourchette à hors-d'oeuvre. Passer les fraises dans le porto puis dans le sucre roux. Croquer à belles dents.

Le brunch de Pâques

Oh! Bonnes femmes qui voulez servir Dieu
Apportez-nous chacun une paire d'oeufs
Un bon jambon car voici la saison
Oh! Bonnes femmes vos poules pondront
Et vous irez tout droit au paradis
Comme la poule s'en va à son nid.

Ainsi chantaient les petits enfants lorrains en faisant la quête des oeufs le matin de Pâques.

Pâques, fête chrétienne traditionnelle, mais aussi un bon prétexte pour les gens de toutes confessions de célébrer le printemps.

L'usage d'offrir des oeufs de toutes formes le jour de Pâques est le symbole de la résurrection, de la fécondité et du renouveau.

Le brunch de Pâques peut être assez élaboré, mais trêve de prétention, le choix d'un menu simple mais varié prévaut. Les textures des mets et le choix d'aliments chauds et froids ajoutent un attrait pour le palais. C'est un brunch très décontracté qui se sert de 11 heures 30 jusqu'à 15 heures.

AU MENU

Vin pétillant au jus d'orange
Ananas panaché de brochettes de fruits de saison

Ravier d'oeufs farcis printanniers
Ravier de crudités
Concombres «*Miséria*»

Jambon à la mode du chef Marcel Kretz

Asperges, sauce beurre citronné
Petites pommes de terre nouvelles persillées

Tresse aux oeufs de Pâques à la grecque

Gelée au café
Galettes dentelles à la graine de sésame

À l'arrivée de chaque invité, servir l'oeuf à la coque mollet au gros sel.

Oeuf à la coque mollet au gros sel

Prévoir autant d'oeufs mollets que d'invités

Déposer les oeufs qui sortent directement du réfrigérateur dans une casserole; couvrir d'eau froide. Porter à ébullition et retirer IMMÉDIATEMENT de la source de chaleur, COUVRIR. Laisser en attente 6, 7 ou 8 minutes selon la grosseur et le poids des oeufs. Passer à l'eau très froide afin d'arrêter toute cuisson. Éponger les oeufs à la coque mollets et les déposer dans un joli panier ou bol de présentation.

À l'entrée de la maison, près de la porte:

Prévoir une petite table couverte d'une nappe, des petites assiettes, des serviettes de table, un couteau à large lame ou en argent et un grand bol de gros sel. Un panier ou bol d'oeufs à la coque mollets.

À l'arrivée de chaque invité, l'hôtesse offre un oeuf. Chaque invité tapote l'oeuf légèrement avec la lame du couteau et, au-dessus de la petite assiette, l'écale. Ensuite, il le passe dans le gros sel et le croque en prenant bien soin de ne pas échapper de jaune d'oeuf encore un peu coulant.

C'est une coutume polonaise et d'Europe de l'Est qui reflète l'attachement de ces peuples à leurs racines et à l'espoir de la perpétuité de la vie. On comble l'invité qui franchit le pas de la porte, et l'année durant, on offre en guise de bienvenue au visiteur étranger, du pain, du sel et quelquefois, une pincée de paprika...

Ravier d'oeufs farcis printanniers

Prévoir 2 moitiés d'oeuf par personnes.

Les oeufs farcis printanniers sont tout simplement une présentation d'oeufs farcis jaunes, roses et verts.

Oeufs farcis «jaunes»

**4 oeufs durs coupés en 2 à l'horizontale
1 queue d'échalote verte finement émincée
30 mL (2 c. à table) de mayonnaise
15 mL (1 c. à table) de beurre et un peu de crème
Sel, poivre
1 filet d'anchois salé, si désiré**

1 - Cuire les oeufs durs à la coque: sortir les oeufs directement du réfrigérateur. COUVRIR d'eau FROIDE. Porter à ébullition. COUVRIR immédiatement et retirer de la source de chaleur. Laisser en attente COUVERTS de 20 à 25 minutes. PASSER LES OEUFS À L'EAU TRÈS FROIDE et éplucher. Les oeufs cuits de cette façon seront très tendres et cuits juste à point.

2 - Couper les oeufs durs en deux à l'horizontale. Retirer les jaunes. Bien malaxer les jaunes à la main ou au robot culinaire. Ajouter la queue d'oignon vert émincée finement, la mayonnaise ou le beurre, la crème, le sel et le poivre. Farcir les blancs d'oeufs de cette préparation à la cuiller ou déposer l'appareil de jaunes dans une poche à pâtisserie avec une douille unie ou étoilée. Déposer dans un ravier sur un lit de feuilles de laitue ou un centre en papier (type *doilie* de commerce).

Oeufs farcis «roses»

Même procédé que pour les oeufs farcis jaunes, ajouter toutefois une petite pointe de concentré de tomate et quelques crevettes roses ou un peu de homard en conserve finement émincé. Farcir de la même façon.

Oeufs farcis «verts»

Même procédé que pour les oeufs farcis «jaunes», toutefois, ajouter quelques feuilles d'épinards blanchies et finement émincées. Farcir de la même façon.

Présentation: faire alterner des rangées d'oeufs farcis jaunes, roses, et verts.

Ravier de crudités

Ratisser à l'aide de l'épluche pommes de terre des branches de céleri. Couper en 2 ou 3 sections puis en minces bâtonnets. Déposer dans un plat d'eau froide et réfrigérer. Au moment de servir: bien éponger et saler légèrement.

Nettoyer des petits radis rouges ou roses, garder un petit bout de queues vertes, couper la pointe et pratiquer quelques incisions de haut en bas dans le radis. Déposer dans un bac d'eau froide et réfrigérer. Au moment de servir, bien éponger et saler.

Éplucher les petits oignons verts ou échalotes vertes, garder une partie de vert et pratiquer de longues incisions à partir de la naissance du vert de l'oignon. Rincer et saler. Réfrigérer.

Déposer dans différents raviers ou dans un grand ravier en alternant les couleurs. Des olives noires au naturel ajoutent à la présentation.

Concombres «*Miséria*»

2 à 3 gros concombres pelés et évidés

250 mL (1 tasse) d'eau bouillante
15 mL (1 c. à table) de sucre
5 à 10 mL (1 à 2 c. à thé) de poivre du moulin (au moins 12 tours)
30 mL (2 c. à table) de vinaigre

1 - Peler les concombres, les couper en deux à l'horizontale, les évider à la cuiller. Trancher très mince.

2 - Préparer la petite saumure:
1 tasse d'eau bouillante, sel, sucre, beaucoup de poivre et 30 mL (2 c. à table) de vinaigre de cidre ou blanc. Ajouter les concombres dans la saumure. Déposer dans un pot de verre et fermer. Réfrigérer au moins 12 heures.

3 - Au moment de servir: bien égoutter les concombres et servir sur une feuille de laitue.

Jambon à la mode du chef Marcel Kretz

M. Marcel Kretz est l'illustre chef exécutif des cuisines de l'hôtel *La Sapinière* à Val David dans les Laurentides au Québec, M. Kretz préconise une cuisine saine et fraîche.

Faire tremper le jambon à l'eau froide, la veille. Le lendemain, faire pocher le jambon à raison de 15 à 20 minutes par livre, sans autres assaisonnements. L'eau ne doit pas bouillir, mais simplement FRÉMIR.

Pour servir froid, il est préférable de laisser refroidir le jambon dans le liquide de cuisson.

Pour servir BRAISÉ: sortir le jambon 1 heure avant la fin de la cuisson prévue, le déposer dans une braisière et ajouter une demi-bouteille de madère, de sherry ou de porto. Fermer hermétiquement à l'aide d'un couvercle ou d'un papier aluminium. Achever la cuisson à feu doux.

À la fin de la cuisson, ajouter le fond de braisage à une demi-glace ou sauce brune légère de commerce. Dégraisser et passer au chinois fin. Le jambon ainsi servi peut se garnir d'épinards, de laitues braisées, de chou, de petits pois frais ou de haricots verts fins.

Tresse aux oeufs de Pâques à la grecque

**250 mL (1 tasse) d'eau chauffée à 44°C (110°F)
2 sachets ou 30 mL (2 c. à table) de levure sèche active
375 mL (1 1/2 tasse) de farine tout usage**

**250 mL (1 tasse) de lait
180 mL (3/4 tasse ou 6 onces) de beurre doux ou de saindoux
180 mL (3/4 tasse) de sucre
15 mL (1 c. à table) de sel**

**80 mL (1/3 tasse) de raisins secs blonds, de raisins de Corinthe et d'écorces confites
125 mL (1/2 tasse) de farine**

**4 gros oeufs battus
1,25 L (5 tasses) de farine tout usage**

1 - Préparation du levain ou de l'éponge: dans un grand bol à mélanger, déposer l'eau chauffée à 45°C (110°F), la levure sèche active et 375 mL (1 1/2 tasse) de farine tout usage. Brasser. Couvrir et laisser gonfler 30 minutes.

2 - Chauffer le lait, le sucre, le beurre ou le saindoux et le sel. Laisser tiédir à 45°C (110°F). Battre les oeufs et les verser dans le grand bol du malaxeur ou mixeur muni du crochet à pâte à pain. Bien battre les éléments et ajouter les fruits secs et confits enfarinés. Continuer de battre. Verser le liquide tiédi et continuer de battre et de rendre bien homogène. Ajouter la farine peu à peu en continuant de battre jusqu'à concurrence de 1,25 L (5 tasses).

3 - Renverser la pâte sur une surface de travail enfarinée et PÉTRIR au moins 8 à 10 minutes ou jusqu'à ce que la pâte ne colle plus. Déposer la pâte dans un grand bol graissé. Retourner la pâte dans la graisse ou le beurre afin de bien l'enduire. Couvrir et laisser gonfler au double du volume initial (au moins une heure et 15 minutes).

4 - Abaisser la pâte avec le poing et couper en deux pâtons. (Chacun pèse 1 kg (2 livres).) Couper chaque morceau de pâte

en 3. Rouler chaque morceau en un long rouleau de 70 cm (26 po). Tresser assez lâche. Pincer les extrémités et les pincer en dessous de chaque bout. Le pain mesurera 40 x 15 cm (16 x 6 po). Insérer des oeufs crus ou mollets cuits à la coque et teints en rouge vif ou en couleurs pastel, dans les espaces ou les crans entre le tressage, placer 3 ou 4 oeufs. (On peut très bien utiliser des oeufs crus en coquille, l'oeuf cuira en même temps que le pain.)

5 - Couvrir et laisser gonfler au moins 45 minutes. Passer les pains à la dorure (1 oeuf battu et 30 mL (2 c. à table) d'eau froide). Brosser délicatement le pain de dorure. Passer au four à 190°C (375°F) environ 40 minutes.

6 - Laisser tiédir sur un grillage à pâtisserie, afin de chasser toute humidité.

Gelée au café

1 sachet 15 mL (1 c. à table) de gélatine granulée neutre
125 mL (1/2 tasse) d'eau froide

250 mL (1 tasse) de café bien fort et bouillant
80 mL (1/3 tasse) de sucre
Pincée de sel
12 pacanes hachées grossièrement
125 mL (1/2 tasse) de crème à fouetter
Au goût: crème fouettée pour la garniture

1 - Saupoudrer la gélatine neutre sur l'eau froide, brasser et laisser gonfler.

2 - Verser la gélatine gonflée sur le café bien bouillant. Faire fondre la gélatine. Faire refroidir et laisser prendre jusqu'à demi (ou consistance d'un blanc d'oeuf).

3 - Fouetter la crème épaisse et plier dans la préparation de gélatine au café. Verser en coupes ou dans des verres à vin ou tout simplement dans un plat de présentation. Laisser au réfrigérateur au moins 6 heures. Accompagner de petites galettes dentelle à la graine de sésame ou de biscuits à la cuiller.

Galettes dentelle à la graine de sésame

**125 mL (1/2 tasse) de beurre doux ou salé
185 mL (3/4 tasse) de cassonade ou sucre brun**

1 oeuf

**185 mL (3/4 tasse) de farine tout usage
125 mL (1/2 tasse) de graines de sésame grillées**

1 - Réduire le beurre et la cassonade en crème. Ajouter l'oeuf et bien battre.

2 - Incorporer la farine et les graines de sésame rôties ou grillées. Comment griller les graines de sésame: déposer les graines de sésame dans un poêlon à revêtement anti-adhésif ou en fonte et laisser rôtir ou faire prendre couleur directement sur le feu. On peut aussi faire griller au four à 180°C (350°F), jusqu'à ce qu'elles soient dorées. Surveiller et secouer le poêlon car les graines de sésame brûlent facilement.

3 - Déposer la pâte par 2 mL (1/2 c. à thé) sur une plaque à pâtisserie beurrée. Laisser un espace de 5 cm (2 po) entre chaque biscuit.

4 - Cuire au four à 180°C (350°F), 8 minutes. Laisser refroidir 1 minute sur la plaque et les démouler avec la lame d'un couteau ou avec une spatule. Déposer sur un grillage à pâtisserie. Les galettes durcissent en refroidissant. Rendement: 48 galettes croustillantes.

Bonne fête maman!

Bonjour maman!

Maman, merci pour être omniprésente quand les enfants sont malades, quand papa a besoin de ton support moral, quand tu reçois superbement tes invités, quand tu as la rage au coeur mais que tu sublimes tout et nous souris, quand la besogne de la maison te surpasse et qu'avec un cran inégalable, tout arrive à point et en ordre. Maman, merci pour ton amour. Merci pour être toujours... là.

Quoi de plus agréable que de prendre le petit déjeuner au lit. Et aujourd'hui, c'est papa et les enfants qui vont préparer... une surprise à maman. Même si elle fait semblant de dormir, allez en douce chercher le plateau, une jolie fleur, et faites-lui écouter «sa» musique préférée.

Il va sans dire que, pour le plateau au lit, il est toujours préférable de rédiger son petit menu, de faire la mise en place et d'écrire tout ce qu'il faut pour la préparation et la présentation, en l'occurrence, le cocotier et les mouillettes d'asperges blanches en conserve ou, mieux encore, fraîches et préalablement cuites à la vapeur la veille. Pensez aussi aux petites marmelades ou gelées préférées de maman et prévoyez des fruits frais ou un jus ainsi qu'une bonne infusion d'églantier. La couleur rose et le parfum délicat de cette décoction sont très appropriés; la décorer d'un pétale de rose rose. (Prenez cependant le temps de lui faire un bon café si c'est son habitude préférée du matin. Elle aura le loisir de le déguster au lit cette fois-ci.)

AU MENU

Coupe d'abricots frais aux raisins noirs et verts

Jus d'oranges au champagne

Oeuf à la coque mollet en cocotier
Mouillettes d'asperges blanches
Mouillettes de pain français grillées

Croissant bien chaud
Confiture de cerises noires

Thé ou infusion d'églantier

Coupe d'abricots frais aux raisins noirs et verts

Il est intéressant de planifier une palette de couleurs selon les menus à composer. Ici, pour une fête du mois de mai remplie de soleil, on marie le jaune pâle, le blanc, l'orangé et le noir. Finalement, le rose du thé rappelle la douceur de cette journée.

La veille, couper quelques abricots frais, épépiner des raisins noirs et verts (les couper en deux du pédoncule à la tête et retirer les pépins). On peut ajouter une ou deux figues fraîches coupées en 4. Sucrer d'une cuillerée de miel. Réfrigérer.

Servir dans de belles coupes ou dans des verres mousseline (verres à vin très hauts). Garnir d'un petit bouquet de menthe fraîche, et j'insiste sur les feuilles de géranium au citron ou à la rose. (Ces géraniums sont très odorants et comestibles.)

Jus d'oranges au champagne

Ce jus d'oranges au champagne, c'est maman qui le boira mais il fera du bien à papa... tout comme le vin d'Arbois. Préparer le jus d'oranges moitié jus/moitié champagne ou vin fou d'Arbois.

Surveiller la présentation et se prémunir de belles grandes flûtes à champagne ou de coupes étroites et longues.

Oeufs à la coque mollet en cocotier

Sortir l'oeuf ou les oeufs du réfrigérateur, les déposer dans de l'eau froide pour couvrir (petite casserole).

Porter à ébullition et retirer IMMÉDIATEMENT de la source de chaleur et COUVRIR la casserole. Compter 5, 6 ou 7 minutes d'attente selon la grosseur et le poids des oeufs. Cuire un oeuf supplémentaire afin de vérifier la cuisson après 4 ou 5 minutes.

Mouillettes d'asperges blanches

On trempe de belles grosses asperges blanches en conserve ou fraîches dans l'oeuf en cocotier. Au préalable, on aura «guillotiné» ou coupé la tête de l'oeuf cuit et on l'aura déposé dans son cocotier.

On peut présenter les asperges blanches dans une assiette spéciale pour les asperges, mais à défaut, on peut utiliser une assiette de taille moyenne, y mettre un petit centre de dentelle en papier, le surmonter de l'oeuf en cocotier et, à côté, déposer les asperges et un demi-citron habillé d'une enveloppe mousseline de commerce. (On peut aussi découper un carré de 15 cm (6 po) de tulle blanc ou jaune, y placer le demi-citron, la face coupée sur le carré, joindre les 4 extrémités du carré et les fixer avec un petit ruban de papier blanc.)

Mouillettes de pain français grillées

Couper des FICELLES de pain français en deux à l'horizontale et puis encore en deux à la verticale.

Tailler des tronçons de 15 x 2 cm (6 x 3/4 po). Les griller au four sur une plaque ou un papier aluminium. Elles seront dorées et bien sèches. Beurrer et tremper dans l'oeuf si désiré.

Thé ou infusion d'églantier

Préparer une infusion avec 5 mL (1 c. à thé) de thé d'églantier en vrac ou 1 sachet d'églantier dans 200 mL (7 oz) d'eau bouillante. Laisser infuser au moins 7 minutes. Verser dans une jolie tasse en porcelaine et surmonter d'un pétale de rose rose. Sucrer au miel si désiré.

Bonne fête des Pères

Papa dors-tu?... Bonne fête papa!

Aujourd'hui, on t'apporte le petit déjeuner au lit, et on a aussi pensé à tes revues préférées et à ton journal du matin.

Papa, on t'aime, tu sais.

AU MENU

Quartier de melon de miel aux cerises à l'eau-de-vie

Omelette soufflée aux fraises

Pain à la banane
Marmelade maison aux papayes

Café moka à la crème

Quartier de melon de miel aux cerises à l'eau-de-vie

Comment choisir un melon de miel: secouer le melon près de l'oreille; lorsqu'on entend les graines bouger à l'intérieur, c'est que le melon est à point. Se fier seulement à l'odorat est quelquefois trompeur.

Couper un beau melon de miel en quatre. L'évider et le débarrasser de ses graines et fibres. (Réserver les graines et les fibres pour préparer une *horchata* (eau de melon); voir le menu Viva Mexico!)

Passer une lame de couteau droite entre l'écorce et la chair du fruit. Couper en deux la chair de melon (sur le sens de la longueur), puis tailler en bouchées en coupant à intervalles de 2,5 cm (1 po) sur la largeur. Laisser dans son écorce.

Garnir de cerises à l'eau-de-vie et de fleurs et de feuilles de capucines.

Recette maison de cerises à l'eau-de-vie

Au temps des cerises, choisir de belles grosses cerises. Les laver et les éponger. Garder les queues. Les piquer avec une aiguille et déposer dans de gros pots à confitures ou des pots à confitures de vieux garçons.

Mettre le même poids de sucre que de cerises. Couvrir d'eau-de-vie blanche telle que le kirsch, ou tout simplement de l'alcool titré à 90 p. 100, ou encore de la vodka. Couvrir et laisser macérer au moins 3 mois.

Toutes ces préparations faites au gré des saisons nous rendent de fiers services tout au long de l'année. Il s'agit tout simplement de planifier son temps, car l'été et l'automne, les denrées nous «poussent dans le dos» pour ainsi dire.

Les cerises à l'eau-de-vie sont délicieuses servies en coupes, comme digestif. On peut les napper sur une glace à la vanille ou aux cerises noires, les mettre dans un thé bien bouillant ou encore, en faire des pousse-café.

Omelette soufflée aux fraises

1 - Battre en neige assez ferme 3 blancs d'oeufs et une petite pincée de sel; y joindre 3 jaunes d'oeufs et battre le tout juste ce qu'il faut pour amalgamer les éléments.

2 - Chauffer une poêle à revêtement anti-adhésif de 18 cm (7 po) et déposer 30 mL (2 c. à table) de beurre doux ou mi-salé. Lorsque le beurre est bien chaud, mousseux et encore blond, verser d'un trait l'appareil d'oeufs en neige. Cuire sur le feu 1 minute.

3 - Retirer de la source de chaleur et mettre à four préchauffé à 220°C (425°F) de 5 à 8 minutes. L'omelette gonfle, craque légèrement en surface et se détache des parois de la poêle. Retirer immédiatement du four et glisser en pliant en deux sur une assiette de présentation.

4 - Farcir de fraises fraîches coupées en tranches et sucrées à volonté, ou servir simplement plié en deux et nappé d'un coulis de fraises fraîches. Garnir l'omelette d'une jolie feuille de géranium citronné ou de quelques fraises bien rouges et entières, d'un petit zeste d'orange ou de citron, et d'un petit bouquet de menthe fraîche.

Coulis de fraises fraîches

Dans le contenant du mélangeur ou du liquéfieur, déposer 15 grosses fraises fraîches coupées, 180 mL (1/3 tasse) d'eau ou moitié eau/moitié jus d'oranges et 30 mL (2 c. à table) de sucre fin ou de miel. Réduire en purée tout en gardant quelques morceaux de fraises. On peut ajouter une larme de liqueur à l'orange ou une très petite larme d'eau-de-vie de poires ou de framboises.

Servir très frais et fraîchement émulsionné.

Coulis de fraises cuites

Faire la même recette que pour le coulis de fraises fraîches et cuire à gros bouillons 1 ou 2 minutes. Ajouter quelques fraises coupées ou, mieux encore, écrasées à la fourchette (pour redonner de la texture et de la couleur au coulis).

Parfumer à la liqueur d'oranges ou à l'eau-de-vie tel que mentionné pour le coulis de fraises fraîches.

NOTE. — On peut épaissir avec 5 mL (1 c. à thé) de fécule de maïs ou de poudre *arrowroot* délayée dans 45 mL (3 c. à table) d'eau froide. Porter à ébullition 1 minute, en prenant soin de bien brasser et de râcler le fond de la casserole. Épaissir légèrement. Servir chaud, tiède ou froid en guise de tartinade.

Pain à la banane
(méthode rapide)

2 gros oeufs
80 mL (1/3 tasse) de beurre ou de margarine
2 grosses bananes bien mûres, coupées grossièrement
160 mL (2/3 tasse) de sucre

500 mL (2 tasses) de farine tout usage
2 mL (1/2 c. à thé) de sel
2 mL (1/2 c. à thé) de bicarbonate de soude
5 mL (1 c. à thé) de crème de tartre

1 - Dans le contenant du mélangeur, déposer les oeufs, le beurre, les bananes et le sucre. Broyer le tout jusqu'à l'obtention d'une préparation crémeuse.

2 - D'autre part, mélanger les ingrédients secs et verser la préparation aux bananes, sans toutefois trop battre la pâte.

3 - Verser la pâte dans un moule à pain de 22 x 10 x 7 cm (9 x 5 x 3 po), graisser généreusement ou vaporiser d'un enduit végétal. Au choix, saupoudrer de 15 mL (1 c. à table) de sucre blanc et de quelques râpures de noix de muscade.

4 - Cuire au four préchauffé à 180°C (350°F) jusqu'à ce que le gâteau soit bien doré.

NOTE. — De préférence laisser reposer le gâteau 12 heures et ensuite le déguster en mince tranche avec ou sans beurre. On peut aussi griller des tranches moyennes au toasteur.

Muffins aux bananes

Verser l'appareil aux bananes dans des moules à muffins préalablement graissés ou vaporisés à l'enduit végétal. Remplir les moules au 2/3 et cuire à four préalablement chauffé à 180°C (350°F) de 20 à 25 minutes. (La cuisson peut retarder selon l'humidité des fruits.

Marmelade maison aux papayes

La papaye est un fruit dit exotique qui nous vient du Brésil, du Mexique, d'Israël et de bien d'autres pays à climat tropical. En Asie, la papaye fait partie de presque tous les repas. Le pouvoir enzymatique de ce fruit le rend très populaire chez les personnes qui surveillent leur taille, leur digestion, leur circulation et la teneur en triglycérides de leur sang. C'est un fruit miracle.

500 mL (2 tasses) de papayes coupées en dés
250 mL (1 tasse) de sucre
80 mL (1/3 tasse) d'eau
Jus de 1 citron ou de 1 lime
Zeste de 1/2 citron ou de 1 orange
Pincée de sel

1 - Peler la papaye à l'aide d'un couteau économe. Couper en 2 à l'horizontale et retirer les graines. Couper en dés. (Les graines séchées et réduites en poudre peuvent être utilisées comme attendrisseur de viandes; les graines fraîches peuvent agrémenter une salade ou entrer dans la composition des vinaigrettes.)

2 - Déposer, dans une casserole moyenne à fond épais, les dés de papaye, le sucre, l'eau, le jus de citron ou de lime, le zeste et la pincée de sel. Porter à ébullition. Continuer de cuire à gros bouillons, en brassant à la cuiller de bois, pendant environ 12 minutes ou jusqu'à un changement de texture. On aperçoit le fond de la marmite en brassant à ce stade.

Empoter et laisser à l'air libre au moins une demi-journée. Fermer hermétiquement et réfrigérer. Cette petite marmelade ultra-rapide doit être réfrigérée car elle n'est cuite que 12 minutes.

Les noces
à la campagne

Les noces célébrées à la campagne baignent dans une ambiance de beauté sereine qui se conjugue avec la nature et le paysage.

Les préparatifs seront simples mais de bon goût et truffés des petits détails que permettent les lieux de cette fête. Il est recommandé de penser, avec les personnes concernées, à la mise en place et au ton que l'on veut donner à la réception.

Le menu sera simple mais varié et complet. Il sera de préférence étalé sur une table-buffet. On aura soin de penser à l'ordre des mets donnés:

Le punch au champagne et les jus de fruits.

La soupe froide aux fruits ou aux concombres saura remplacer la coupe de fruits traditionnelle.

Les mignardises ou petites bouchées salées telles que sandwiches de fantaisie seront présentées dans de petites corbeilles d'osier vaporisées de peinture blanche non toxique. On peut surmonter l'anse d'une boucle de ruban blanc pour les sandwiches aux préparations à la viande, de ruban jaune pour les préparations aux oeufs et de ruban rose très pâle pour les bouchées à base de poisson. Ainsi, les personnes allergiques à l'une ou l'autre des préparations pourront facilement repérer les bouchées qui leur conviennent.

Parmi les bouchées salées, on trouvera des barquettes aux mousses de légumes, de pâtés de foie au cognac ou au madère et des tartelettes miniatures à la mousse de fromage en gelée.

Le roulé à la japonaise apportera sa note d'exotisme et sa part de couleurs claires.

Le *koulibiac* à la russe se présentera en pièce de résistance, coupé en tranches et nappé de sauce verte aux oeufs de saumon.

La salade de pois mange-tout et de fleurettes de chou-fleur apporte les textures et la fraîcheur des verdures et des crudités.

Le fromage brie jardinière offre un mariage de goûts, celui du fromage moelleux et des fruits frais, en plus de conjuguer deux services en un seul.

Le sorbet au citron pourra être présenté après le service du fromage et avant les petits fours glacés et la dégustation du gâteau des mariés.

Un bol transparent peut contenir une salade rubanée de fruits frais pour le coup d'oeil et rafraîchir les palais.

Les dragées-souvenir des mariés rappelleront aux invités le charme et la douceur de la journée passée avec eux.

Le café, le thé et les eaux minérales seront distribués à l'extrémité opposée au punch et à la soupe froide.

Sur un guéridon d'occasion ou une desserte, on prévoira des petits verres à digestifs et quelques digestifs maison ou de commerce.

AU MENU

Punch au champagne
et couronne de glaçons aux petits fruits

Soupe froide aux concombres et fenouil
Fontaine de crevettes géantes sur lit de cresson
Sauce tomate fraîche au basilic

Gelée au madère ou au porto pour glacer les canapés
Barquettes de mousse de foie au madère
Tartelettes miniatures
à la mousse de fromage en gelée
Corbeilles blanches
de petits sandwiches de fantaisie
Roulés à la japonaise
Koulibiac à la russe
— sauce verte aux oeufs de saumon
Salade de pois mange-tout et de fleurettes de chou-
fleur

Fromage brie jardinière
Sorbet au citron
Petits fours glacés
Dragées-souvenir des mariés
Gâteau des mariés

Café — Thé — Eaux minérales
Digestifs

Punch au champagne
et couronne de glaçons aux petits fruits

La veille, macérer les fruits suivants:

**1 petit ananas, taillé en menus morceaux
15 raisins noirs coupés en deux et épépinés
15 raisins verts entiers sans pépins
15 fraises fraîches coupées en deux
15 framboises fraîches
500 mL (2 tasses) de brandy à l'abricot
500 mL (2 tasses) de Cointreau ou de triple sec
250 mL (1 tasse) de brandy ou de calvados**

Faire macérer ces fruits toute la nuit dans le mélange d'alcools précité.

Retirer 1 bonne tasse du mélange fruits-alcools et déposer dans un moule en couronne ou un moule rectangulaire et remplir de champagne ou de vin blanc très sec. CONGELER au moins 24 heures. Au moment de servir le punch, démouler la couronne ou le bloc de vin ou champagne gelé. (Cette façon empêche le punch de se diluer dans des glaçons à l'eau.)

Punch:
Dans un grand bol à punch, déposer la glace aux petits fruits, les fruits macérés et au moins 3 ou 4 bouteilles de champagne bien sec. Ne pas sucrer de préférence. Déposer quelques feuilles de géranium parfumées à la rose ou citronnées. Un brin de menthe fraîche peut décorer chaque tasse mais ne pas en ajouter dans le grand bol à punch car la menthe donne un goût poivré et son parfum masquerait la fraîcheur des fruits et du champagne.

Cocktail au champagne

Faire macérer les fruits tel qu'indiqué au tiers de la recette précédente.

Au moment de servir déposer, dans de très gros ballons à bourgogne, quelques cuillerées de fruits et de jus résultant de la macération des fruits et remplir le verre de bon champagne très sec ou brut.

Soupe froide aux concombres et au fenouil

**60 mL (4 c. à table) de beurre doux + 15 mL (1 c. à table) d'huile végétale
1 blanc de poireau finement émincé
10 petits oignons verts émincés (blancs et verts)
1 oignon moyen émincé
3 pommes de terre coupées en dés**

4 longs concombres anglais

750 mL (3 tasses) de bouillon de poulet ou plus, pour couvrir les légumes

**1,5 L (6 tasses) de babeurre (*buttermilk*)
6 branches de persil hachées finement
20 brins de ciboulette coupés finement**

**Feuillage et têtes d'un pied de fenouil frais
Pied de fenouil frais, coupé en minces bâtonnets**

1 - Dans une grande marmite, faire fondre le beurre et l'huile jusqu'à ce qu'ils soient bien chauds. Faire revenir le blanc de poireau émincé, les petits oignons verts, l'oignon et les pommes de terre coupées en dés.

2 - Peler 3 des concombres et laisser sa peau au quatrième. Couper en deux à l'horizontale, et trancher mince. Faire revenir les concombres avec les autres légumes. Couvrir et faire «suer» les légumes quelques minutes. Couvrir de bouillon de poulet, saler, poivrer. Cuire jusqu'à ce que les légumes soient tendres.

3 - Passer les légumes au mélangeur ou au presse-purée. Puis passer la purée au chinois ou à la passoire étamine très fine. Bien presser la purée.

4 - Déposer la purée de concombres dans un grand bol et y ajouter au moins 1,5 L (6 tasses) de babeurre ou 250 mL (1 tasse) de yogourt et 1,25 L (5 tasses) de lait ou de crème légère.

5 - Vérifier l'assaisonnement. Ajouter le sel, le poivre du moulin, la pointe de muscade, les 5 têtes de fenouil frais et les feuilles finement émincées, la ciboulette et le persil.

6 - Réfrigérer au moins 6 heures et préparer de préférence la soupe la veille de la fête.

Servir en tasse, accompagné d'un petit sandwich fantaisie ou d'une paille au fromage. Les bâtonnets de fenouil frais accompagnent bien la soupe. Prévoir un petit bol contenant des feuilles et des têtes de fenouil frais.

Pour la présentation, servir la soupe froide dans un bol à punch ou une soupière en fine porcelaine, avec les tasses assorties tout autour. Prévoir de petites serviettes de table tout près.

Fontaine de crevettes géantes sur lit de cresson

Prévoir 3 grosses crevettes par invité. 1/2 kg (1 lb) donne 12 grosses crevettes ou 15-16 de taille moyenne.

Préparer une marmite contenant beaucoup d'eau, du sel de mer ou du sel de table et une bonne cuillerée de poudre de *kelp* ou d'algues marines en poudre, 4 tranches de citron, 15 grains de poivre entier, 1 feuille de laurier, 250 mL (1 tasse) de vin blanc sec ou de vermouth blanc sec. Porter à ébullition et laisser mijoter quelques minutes ou jusqu'à ce que le liquide de cuisson soit bien imprégné du parfum des aromates.

Plonger les crevettes fraîches dans le liquide en ébullition. Couvrir et RETIRER de la source de chaleur. Laisser en attente dans le liquide chaud jusqu'à ce que les crevettes tournent au rose et soient cuites sans être durcies. Lorsqu'elles changent de couleur, attendre 1 minute et goûter à une crevette. Les plonger dans l'eau glacée afin d'arrêter toute cuisson. Éplucher et retirer la veine dorsale. Les laisser refroidir recouvertes d'une pellicule de plastique afin de garder la fraîcheur et le goût.

Crevettes surgelées: NE PAS DÉGELER LES CREVETTES, les plonger en bloc de glace dans le liquide en ébullition. Le liquide de cuisson se refroidira immédiatement. Porter à nouveau à ébullition. Retirer du feu, couvrir et laisser en attente dans le jus de cuisson. Les crevettes cuiront grâce à la vapeur et au liquide chaud. Faire le test et procéder comme pour les crevettes fraîches.

Prévoir un grand bol transparent, habiller le fond de cresson frais, déposer la sauce tomate fraîche au basilic dans un autre bol et le déposer au centre du grand bol, sur le lit de cresson. Accrocher des crevettes en bordure du grand bol de présentation sur le lit de cresson autour du bol de sauce.

Sauce tomate fraîche au basilic

Blanchir ou plonger de grosses tomates fraîches dans de l'eau bouillante 1 minute et peler les tomates. Retirer le pédoncule, couper en deux et épépiner. Tailler les tomates en menus dés, de l'oignon vert en menus morceaux, une pincée de sucre, du sel, du poivre et du basilic frais haché finement. L'essentiel de cette sauce tient dans la fraîcheur et la texture des éléments. On pourrait ajouter une très petite «larme» de Pernod, et un filet de jus de citron. Préparer la sauce au moins 6 heures à l'avance car elle doit être servie très fraîche et bien imprégnée de tous les parfums.

(À noter que, pour un mariage, il est préférable d'omettre les saveurs fortes et prononcées. La décision de mettre de l'ail est donc laissée à la discrétion du palais et du raffinement de l'hôtesse.)

Gelée au madère ou au porto pour glacer les canapés

Cette recette peut être préparée avec du consommé de boeuf et du madère ou du porto pour glacer ou napper de gelée des canapés à teintes et apprêts foncés. Les canapés ou bouchées de préparation au poulet, aux crevettes roses et aux teintes claires s'accommodent mieux d'une gelée à base de bouillon de poulet clarifié et parfumé au sherry.

250 mL (1 tasse) de consommé de boeuf clarifié de commerce
250 mL (1 tasse) d'eau
125 mL (1/2 tasse) de porto ou de madère

45 mL (3 c. à table) ou 3 enveloppes de gélatine neutre granulée
250 mL (1 tasse) d'eau froide

1 - Saupoudrer la gélatine neutre granulée sur la tasse d'eau froide. Laisser gonfler la gélatine quelques minutes.

2 - Dans une petite casserole à fond épais, porter à ébullition le consommé de boeuf, l'eau et le porto ou le madère.

3 - Ajouter la gélatine gonflée et CUIRE À GROS BOUILLONS 15 minutes en prenant bien soin de brasser et de racler le fond de la casserole à quelques reprises.

4 - Retirer de la source de chaleur et laisser refroidir à demi.

NOTE. — Cette gelée est très utile pour glacer les pièces montées et les canapés. Pour faciliter le nappage à la gelée, prévoir un bain d'eau chaude et y déposer le contenant de gelée de temps à autre afin d'éviter une coagulation trop rapide. Travailler rapidement de préférence.

Barquettes de mousse de foie au madère

Pour les barquettes et les bases de tartelettes miniatures, utiliser une recette de pâte brisée ou des feuilletés de commerce. Habiller les petits moules et les piquer à la fourchette. Les déposer sur une plaque à pâtisserie et cuire au four à 200°C (400°F) de 12 à 15 minutes, ou jusqu'à ce qu'elles soient bien dorées et cuites. Ces bases à canapés ou à bouchées se préparent une semaine à l'avance et se gardent dans des boîtes de métal.

On peut aussi commander des barquettes et des fonds de tartelettes chez tous les bons pâtissiers*.

Mousse de foie à la gelée de madère

Réduire en crème légère au robot culinaire 500 g (1 lb) de mousse de foie, 30 mL (2 c. à table) de beurre, 125 mL (1/2 tasse) de gelée demi-prise au porto, au madère ou au sherry. Déposer la purée légère dans une poche à pâtisserie munie d'une douille étoilée ou cannelée de taille moyenne. Garnir le fond des barquettes déjà cuites.

Pour GLACER des canapés, préparer la gelée au porto, au madère ou au sherry, laisser refroidir à demi et déposer la gelée dans une bouteille munie d'un vaporisateur. Vaporiser les canapés alignés sur des plaques. TRAVAILLER TRÈS RAPIDEMENT car la gelée a tendance à bloquer le tube du vaporisateur. (Une bouteille de nettoyeur à vitre bien propre et rincée au vinaigre offre un bon rendement.) On peut aussi napper à la cuiller, mais il faut alors couvrir légèrement chaque canapé.

---

* Ici, je veux rendre hommage au maître pâtissier Pablo Martinez de Montréal qui m'a si bien enseigné.

Tartelettes miniatures
à la mousse de fromages en gelée

Pour les bases de tartelettes miniatures, voir la recette précédente (Barquettes de mousse de foie au madère).

Au robot culinaire, réduire en purée onctueuse: 250 mL (8 oz) de fromage crémeux Saint-André ou de fromage blanc, 100 g (3 oz) de fromage roquefort ou de bleu danois et 80 à 125 mL (1/3 à 1/2 tasse) de gelée au porto ou au madère. Déposer la crème onctueuse dans une poche à pâtisserie munie d'une douille étoilée ou cannelée moyenne et garnir les tartelettes miniatures précuites. On peut, si désiré, vaporiser à la gelée parfumée.

Corbeilles blanches de petits sandwiches de fantaisie

Pour réussir les sandwiches roulés:

Utiliser du pain de mie tranché à l'horizontale (les boulangers tranchent le pain ainsi, sur commande). Retirer ou couper les croûtes.

Travailler le pain à sandwich sur une surface de travail couverte d'un linge humide. Écraser ou amincir les tranches de pain avec le rouleau à pâtisserie (cette opération rend le sandwich plus compact et plus fin). Tartiner les longues tranches de pain au beurre fouetté (le beurre empêche le pain de s'imbiber des liquides de préparation).

Couvrir la tranche de pain beurrée de la garniture de votre choix. Décorer la partie étroite du pain d'une rangée d'olives farcies, d'un bâtonnet de cornichon à l'aneth ou de cornichons doux.

Rouler la tranche de pain en partant de l'extrémité étroite sur toute la longueur et jusu'à l'autre extrémité. Envelopper très serré dans un papier ciré ou une pellicule de plastique. RÉFRIGÉRER IMMÉDIATEMENT afin d'empêcher toute fermentation.

On peut, si désiré, badigeonner de beurre les rouleaux de sandwiches à l'extérieur et les passer dans du persil haché, des noix hachées ou du paprika.

Réfrigérer les sandwiches roulés au moins 6 heures. Au moment de servir en corbeilles, les trancher minces (les tranches présenteront une apparence spiralée). Déposer dans des corbeilles blanches habillées de centres de dentelle en papier.

Bâtonnets de sandwiches au fromage

Tartiner des tranches de pain de mie blanc, couvrir de tranches de fromage de commerce et surmonter d'autant de tranches de pain de blé entier beurré. Réfrigérer. Retirer les croûtes et couper en bâtonnets. Faire alterner les couleurs de pain blanc et brun dans la corbeille. Si désiré, poivrer de fromage à la mode allemande.

Garnir d'un bouquet de cresson chaque corbeille de sandwiches de fantaisie, de persil ou de menthe fraîche.

Les sandwiches roulés ou coupés en bâtonnets seront tartinés avec du beurre mi-salé ou doux, fouetté, sans autre ajout.

Les préparations ou garnitures seront:

- à la salade d'oeufs durs;
- à la purée de jambon;
- à la salade de poulet et céleri;
- au fromage à tartiner;
- au thon et aux fines herbes;
- à la pâte d'anchois.

Garniture à la salade d'oeufs durs

Écraser à la fourchette ou au robot culinaire (NE PAS TROP RÉDUIRE EN PURÉE CLAIRE), mouiller avec de la mayonnaise ou une pointe de moutarde de Dijon, un oignon finement émincé, de la ciboulette ciselée finement, du sel et du poivre. La garniture doit bien s'étaler sur le pain.

Garniture au jambon

Hacher du jambon, y joindre suffisamment de beurre mi-salé, de moutarde de Dijon et de moutarde préparée canadienne pour faire un mélange qui s'étale bien. La garniture doit être très simple d'apprêt et goûter... le jambon.

Garniture à la salade de poulet

Hacher du poulet poché, ajouter de la mayonnaise pour humecter la préparation, des petits oignons verts finement émincés, du céleri en branches finement coupé, du sel, du poivre et une pointe de muscade ou de coriandre sèche moulue.

Garniture au thon et aux fines herbes

À du thon naturel en conserve, ajouter du céleri finement haché, des petits oignons verts, de la ciboulette et du persil hachés finement. Mouiller à la mayonnaise ou avec un peu de sauce verte à la russe. Le mélange doit être léger et facile à étendre sur le pain sans toutefois être trop humide.

Roulé à la japonaise

Pour chaque roulé:

**1 grande omelette très mince de 25 cm (10 po) de diamètre
Feuilles d'épinards frais blanchies
Riz cuit (vapeur ou à la créole)
Chair de crabe surgelée et émiettée**

Préparation de l'omelette mince:

1 - Battre 1 oeuf, 15 mL (1 c. à table) d'eau, une pincée de sucre, 2 mL (1/2 c. à thé) de sauce soya Tamari. Chauffer une grande poêle de 25 cm (10 po) à revêtement anti-adhésif avec 10 mL (2 c. à thé) d'huile végétale. Verser l'oeuf battu et bien couvrir la grande surface du poêlon. Cuire de 40 à 50 secondes.

Renverser l'omelette sur une pellicule de plastique.

2 - Déposer, sur toute la surface de l'omelette, des feuilles d'épinards frais, nettoyées et blanchies, cuites à la vapeur environ 1 minute.

3 - Puis couvrir d'une couche mince de riz cuit.

4 - erminer en superposant une rangée de chair de crabe défaite à la fourchette.

5 - Rouler l'omelette minutieusement à l'aide de la pellicule de plastique. Rouler bien serré et fermer hermétiquement. Réfrigérer au moins 12 heures.

6 - Au moment de servir, développer les roulés et les couper en morceaux de 4 cm (1 1/2 po). Les déposer debout de façon à rendre visibles les spirales de couleurs. Toujours prévoir des centres de papier de dentelle pour chaque assiette de présentation.

Koulibiac à la russe

**2 recettes de pâte brisée à l'oeuf
Riz pilaf au serpolet de Russie
4 gros oeufs durs coupés en 4
Champignons sautés au beurre et au persil
500 g (1 lb) de filet de saumon rouge frais ou de darnes**

Dorure: 1 oeuf entier et 15 mL (1 c. à table) d'eau

Préparation du riz pilaf

**30 mL (2 c. à table) de beurre
15 mL (1 c. à table) d'huile végétale
1 oignon moyen finement émincé
250 mL (1 tasse) de riz à longs grains**

**500 mL (2 tasses) d'eau ou moitié eau/moitié bouillon de poulet
2 mL (1/2 c. à thé) de sel + poivre du moulin
5 mL (1 c. à thé) de serpolet séché ou de thym sauvage ou farigoule
2 mL (1/2 c. à thé) de cerfeuil séché
1 feuille de laurier
La tête de 1 clou de girofle**

Dans une casserole moyenne à fond épais ou en fonte émaillée, faire fondre le beurre et l'huile végétale, et, lorsque c'est bien chaud, faire revenir l'oignon émincé sans lui faire prendre de couleur. Puis ajouter le riz cru à longs grains et bien l'enrober de gras. Faire revenir le riz au beurre quelques minutes. Verser d'un trait le liquide (eau ou moitié eau/moitié bouillon de poulet). Assaisonner. Porter à ébullition; couvrir et baisser la source de chaleur au minimum. Cuire ainsi 25 minutes ou jusqu'à ce que le liquide soit évaporé et que les grains de riz soient cuits et détachés. Laisser en attente et faire tiédir.

Préparation des champignons sautés au persil

1 - Trancher 15 champignons en lamelles à la verticale.

2 - Chauffer une sauteuse ou une grande poêle et faire fondre 30 mL (2 c. à table) de beurre et 15 mL (1 c. à table) d'huile végétale. Lorsque c'est bien chaud, y ajouter les champignons en lamelles; secouer et brasser afin de les faire cuire entièrement. Arroser du jus de 1/2 citron. Ajouter du sel, du poivre du moulin et une bonne pincée de persil finement haché. Laisser en attente pour le montage du *koulibiac*.

Préparation du filet de saumon poché

1 - Dans un plat en fonte émaillée ou poêlon non profond, porter à ébullition 500 mL (2 tasses) d'eau, l'équivalent d'un petit verre de vermouth blanc sec, 1 tranche de citron, 1 feuille de laurier et du poivre du moulin. Faire mijoter 5 minutes.

2 - Lorsque le bouillon de pochage est bien parfumé, y déposer le filet ou les darnes de saumon frais. Couvrir d'un papier brun ciré ou de papier parchemin beurré. Faire frémir le filet à feu très bas de 8 à 12 minutes. (Le poisson doit changer de couleur et devenir d'un rose très pâle et d'une texture assez ferme sous la pression du doigt. NE PAS TROP CUIRE.)

3 - Sortir du liquide de pochage et l'égoutter sur un papier ou une serviette. Laisser en attente.

Pâte brisée à l'oeuf, au robot culinaire

500 mL (2 tasses) de farine tout usage
5 mL (1 c. à thé) de poudre à lever chimique
5 mL (1 c. à thé) de sel
180 mL (3/4 tasse) de beurre doux

1 oeuf entier battu et 15 mL (1 c. à table) de vinaigre blanc ou de vinaigre de cidre
45 à 60 mL (3 à 4 c. à table) d'eau froide.

1 - Dans le bac du robot culinaire, déposer la farine, le sel et la poudre à lever chimique. Mettre le robot en marche/arrêt 3 fois.

2 - Ajouter le beurre doux en dés. Mettre en marche/arrêt 4 fois.

3 - Le robot toujours en MARCHE, verser dans l'ouverture du bac du robot l'oeuf battu et l'eau froide. Continuer à faire marcher le robot jusqu'à ce qu'une boule de pâte se forme et s'attache à la tige centrale du robot. Arrêter et retirer la pâte.

4 - «Fraiser» la pâte, c'est-à-dire passer la pâte dans un peu de farine sur une surface de travail enfarinée afin de bien distribuer les éléments de la pâte et l'empêcher de coller. Préparer 2 recettes de pâtes au robot culinaire.

Assemblage et montage

1 - Étendre une recette de pâte brisée en un grand rectangle de 40 x 25 cm (16 x 10 po) sur une plaque à gâteau roulé. Renverser la plaque et monter le *koulibiac*.

2 - Déposer le riz pilaf au serpolet au centre de la pâte et sur toute la longueur, soit 36 x 15 cm (14 x 6 po). Puis recouvrir le riz du mélange de champignons sautés au beurre et au persil. Mettre en 3e rangée les oeufs durs coupés en 4. Terminer avec le saumon poché et défait en morceaux.

Ramener l'excédent de pâte sur les 4 côtés du rectangle ou sur le mélange riz-champignons-oeufs-saumon. Former un beau rectangle. Passer toute la pâte à la dorure au pinceau à pâtisserie.

3 - Couper 2/3 de la pâte brisée et l'étendre en un rectangle de 40 x 25 cm (16 x 10 po).

Couvrir le pain de saumon et bien envelopper en passant la pâte jusqu'en dessous du *koulibiac*. Bien former le rectangle. Pratiquer une ouverture au centre et y déposer un cornet de papier d'aluminium ou de papier ciré solide.

4 - Abaisser l'autre tiers de la pâte brisée à une bonne épaisseur, découper des lanières et décorer en croisillons sur le *koulibiac* ou décorer de motifs coupés à l'emporte-pièce de votre choix. Passer le *koulibiac* à la dorure et porter au four préchauffé à 190°C (375°F), de 40 à 50 minutes. NE PAS TROP CUIRE CAR LE SAUMON PERDRAIT DE SON MOELLEUX. Accompagner de la sauce verte aux oeufs de saumon.

Présentation du *koulibiac*:

Habiller une longue planche à pain de centres de papier en dentelle et y déposer le *koulibiac*. Garnir de cresson ou persil. Se munir d'un couteau à lame mince très tranchante, de préférence un couteau à scie. Couper en tranches de 2 à 2,5 cm (3/4 à 1 po) d'épaisseur. Le *koulibiac* se sert chaud, tiède et même froid.

Koulibiac version rapide et économique:

Remplacer le saumon frais par une boîte de saumon et une boîte de thon au naturel en gros morceaux.

Sauce verte aux oeufs de saumon

2 oeufs entiers
60 mL (1/4 tasse) de vinaigre de vin blanc à l'estragon
2 mL (1/2 c. à thé) de sucre
5 mL (1 c. à thé) de moutarde forte de Dijon
12 queues d'oignons verts

375 à 430 mL (1 1/2 à 1 3/4 tasse) d'huile végétale légère

60 g (2 oz) d'oeufs de saumon ou caviar rouge

1 - Dans le contenant du mélangeur, déposer 2 oeufs, une pincée de sucre, la moutarde, le vinaigre de vin blanc à l'estragon, le poivre du moulin, les queues d'oignons verts coupées en morceaux. Activer le moteur, bien broyer et, en laissant le mélangeur en marche, verser l'huile en petit filet par l'ouverture du couvercle; continuer de verser l'huile jusqu'à l'obtention d'une sauce émulsionnée semblable à une mayonnaise de consistance moyenne. Ajouter 30 mL (2 c. à table) d'eau bouillante afin de stabiliser la sauce. Saler.

2 - Verser dans une saucière et ajouter en «pliant» les oeufs de saumon ou de caviar rouge.

Servir à part un bol de *smitane* ou de crème sure de commerce additionnée de persil, de queues d'oignons verts hachées finement et d'un filet de jus de citron.

Salade de pois mange-tout et de fleurettes de chou-fleur

Habiller un saladier, transparent de préférence, de petites feuilles de laitues variées et très tendres.

Blanchir ou ébouillanter des pois mange-tout (pois chinois) pendant 5 minutes. NE PAS CUIRE, simplement tremper dans l'eau bouillante. Égoutter. Disposer en cercle dans le saladier sur les laitues.

Trancher en minces lamelles des têtes de chou-fleur et disposer au centre du saladier.

Arroser de la vinaigrette au xérès ou au sherry.

Prévoir un bol de sel, une petite cuiller et un moulin à poivre près du saladier.

La vinaigrette au xérès

80 mL (1/3 tasse) de xérès ou de sherry sec
5 mL (1 c.à thé) de moutarde de Dijon aux herbes de Provence
2 mL (1/2 c. à thé) de sucre
2 mL (1/2 c. à thé) de sel
Poivre du moulin
1 très petit oignon finement émincé
Quelques branches de cresson et du persil, hachés
125 à 160 mL (1/2 à 2/3 tasse) d'huile végétale ou moitié végétale/moitié huile d'olive

Bien brasser le tout au petit fouet à vinaigrette. Verser sur la salade sans toutefois mêler les éléments. Au moment du service brasser la salade devant les invités, à l'aide de la cuiller et de la fourchette à salade.

Fromage brie jardinière

Gelée au porto ou au sherry

Fromage brie en meule de 20 ou 35 cm (8 ou 14 po)

Fruits pour la jardinière:
  Raisins noirs épépinés
  Raisins verts coupés en deux
  Raisins rouges coupés en deux et épépinés
  Cerises fraîches dénoyautées
  Quartiers de pommes minces passés au jus de citron
  Petites prunes mirabelles coupées en deux et dénoyautées

Retirer la croûte d'une face du fromage brie. Disposer des raisins noirs coupés en deux et épépinés tout autour du fromage sur la partie où la croûte a été prélevée, puis continuer par une rangée de raisins verts et de cerises dénoyautées (avec un petit dénoyauteur spécial). Alterner les couleurs et les textures de fruits frais jusqu'à en arriver à couvrir le centre du fromage par une sorte de fruit seulement. Glacer ou passer les fruits à la gelée au porto et au consommé ou les abricoter (gelée d'abricots fondue). Disposer tout autour des biscottes et des Melba. Certains craquelins à l'eau se marient bien avec la finesse du fromage et de la présentation. Servir en fines pointes.

Sorbet au citron

Une petite quantité de sorbet servi en coupes et garni d'une feuille de géranium citronné ou de fleurs et de feuilles de capucines sera très rafraîchissant.

125 mL (1/2 tasse) de jus de citron
80 mL (1/3 tasse) de miel liquide
1 à 1,25 L (5 tasses) de babeurre (*buttermilk*)
Pincée de sel

Mélanger le tout au robot culinaire ou au mélangeur.

Verser dans un plat en pyrex et mettre au congélateur. Brasser à la cuiller toutes les heures, durant 4 heures, les cristaux qui se forment autour du moule, ou congeler tout simplement, couper en carrés et passer au robot culinaire. La mousse ou sorbet sera d'une légèreté exquise. Replacer au congélateur. Servir très froid.

Dragées-souvenir des mariés

Prévoir 10 dragées par invité (blanches, jaunes et rose pâle).

Carrés de tulle blanc de 25 cm (10 po)
Ruban de papier blanc

Superposer inégalement deux carrés de tulle blanc; déposer les dragées au centre.

Retenir les 4 coins du tulle et fixer le petit «baluchon» avec un ruban de papier blanc. Former de belles boucles généreuses.

Déposer les dragées-souvenir ensemble sur un plateau d'argent ou à la place de chaque invité.

Gâteau des mariés

Selon la tradition victorienne, le gâteau des mariés doit être surmonté d'au moins trois étages de *cake* aux fruits. On coupe le pourtour de l'étage de base pour les invités présents. L'étage central est réservé aux invités absents et le sommet du *cake* est pour célébrer le premier anniversaire de mariage des époux.

Il est entendu que les maîtres pâtissiers sont très indiqués pour vous préparer un gâteau de noces d'envergure et très bien monté dans la tradition classique. Toutefois, le prix en est assez élevé. Il faut comparer et décider si on opte pour une fête champêtre simple ou le buffet à grand éclat.

Le *cake* aux fruits n'est pas si économique, mais il vous procurera le bonheur d'avoir relevé un défi en le faisant vous-même. La glace sera simple, au beurre ou fondante. On garnit les étages du gâteau tout simplement avec des soupirs de bébé, de petites cascades de roses miniatures ou de marguerites des champs. C'est un gâteau qui peut servir à maintes occasions si on change la forme des moules.

Pour préparer un gâteau étagé de 22 cm (9 po) de diamètre, un de 15 cm (6 po), surmonté d'un petit gâteau de 7 cm (3 po), vous ferez 3 recettes de base du gâteau à l'écossaise. Pour des moules plus grands et plus apparents, il faudra au moins 6 recettes de base ou 3 recettes doublées.

On peut aussi réaliser le gâteau étagé des mariés en préparant des recettes de gâteaux à la livre (*pound cake*), en les coupant à l'horizontale et en les imbibant de liqueur d'oranges, de kirsch ou de marasquin, et en abricotant chaque moitié du gâteau. On pourrait même utiliser des mélanges en sachets.

Glace fondante à la pâte d'amandes

Ce n'est pas une glace cuite. Il faut donc garder le gâteau au frais jusqu'au moment de servir ou à la température ambiante (22°C/72°F). On peut cependant préparer ce gâteau et la glace 24 heures à l'avance.

Dans le bac du robot culinaire ou du mélangeur, déposer:

75 mL (5 c. à table) de pâte d'amandes
250 mL (1 tasse) de beurre doux
Le blanc d'un gros oeuf
15 mL (1 c. à table) de sirop de maïs ou de glucose
1 mL (1/4 c. à thé) de crème de tartre (*cream of tartar*)
1 à 1,25 L (4 à 5 tasses) de sucre à glacer

1 - Battre constamment au robot culinaire ou au mélangeur jusqu'à consistance crémeuse, en ajoutant graduellement le sucre à glacer. Lorsque la glace est assez épaisse et duveteuse, glacer les trois étages de gâteau.

2 - Cette glace doit s'étaler facilement et bien adhérer au gâteau qui aura préalablement été habillé d'une couche mince de pâte d'amandes travaillée au sucre à glacer et étendue au rouleau à pâtisserie.

3 - Abricoter le tour du gâteau et apposer une bande de pâte d'amandes de la longueur et de la hauteur nécessaires. Couvrir le dessus du gâteau d'abricotage et déposer la pâte d'amandes.

4 - Verser la glace sur les gâteaux préparés. Garnir les imperfections de feuilles de géranium à la rose, de feuilles de menthe fraîche, de soupirs de bébé, de marguerites des champs ou de fleurs qui rappelleront le bouquet de la mariée.

Abricotage maison

Abricots au sirop

Même poids de sucre blanc que de purée d'abricots

1 - Passer les moitiés d'abricots au sirop en conserve au mélangeur. Réduire en purée.

2 - Mesurer ou peser la quantité de purée d'abricots et ajouter la même quantité ou le même poids de sucre blanc.

3 - Déposer dans une casserole moyenne et porter à ébullition. Une fois en ébullition, cuire 5 minutes. Retirer de la source de chaleur. Utiliser immédiatement ou, mieux encore, verser dans un pot de verre et garder au réfrigérateur. Au moment de servir, étendre, à la spatule de métal, l'abricotage froid ou à la température ambiante.

Cake aux fruits à l'écossaise

Cette recette est simple. Il est préférable de doubler la recette et de préparer, s'il y a lieu, 2 recettes doubles ou 1 recette double et une simple.

500 mL (2 tasses) de cerises confites
250 mL (1 tasse) de raisins de Corinthe
125 mL (1/2 tasse) d'écorces de fruits confits en morceaux
2 tranches d'ananas confits coupées en menus morceaux
20 amandes blanchies et coupées en deux
875 mL (3 1/2 tasses) de farine tout usage

250 mL (1 tasse) de beurre doux
250 mL (1 tasse) de sucre
6 gros oeufs
Zeste de 1 grosse orange et de 1 gros citron
Jus de 1 gros citron
60 mL (2 oz) de brandy ou de rhum ambré ou blanc

1   Dans un grand bol à mélanger, déposer les fruits confits et les amandes, puis verser la farine. Bien enfariner les fruits et les amandes.

2 - Battre le beurre et le sucre au malaxeur ou au robot culinaire, jusqu'à la disparition des grains du sucre. Ajouter les oeufs, un à un, en battant bien entre chaque addition. Aromatiser avec les zestes d'orange et de citron, le jus de citron passé et le brandy ou le rhum.

3 - Verser la préparation liquide sur les fruits et sur la farine. Bien mélanger avec les mains afin d'enlever toute trace de farine.

4 - N'habiller de papier beurré que le fond des moules. Déposer au moins de 6 à 7 cm (2 1/2 à 3 po) d'épaisseur de mélange à gâteaux dans chaque moule. Bien tasser et lisser la pâte en surface à l'aide du dos d'une cuiller de bois.

5 - Prévoir une lèchefrite contenant 2,5 cm (1 po) d'eau chaude sur la grille du bas de votre four. Déposer les gâteaux

sur la grille centrale. Cuire au four préchauffé à 150°C (300°F) environ 70 minutes ou plus, selon l'épaisseur de la pâte. Ce gâteau ne lève pas à la cuisson. Piquer le *cake* avec une broche en plein centre; si la pâte attache, le gâteau n'est pas encore cuit. La senteur du gâteau vous guide aussi. Le gâteau est bien cuit quand la couche de beurre se résorbe en surface.

6 - Sortir du four et déposer les gâteaux à l'envers sur la grille à pâtisserie. (Ce sont des moules à fonds amovibles.) Retirer le cercle du moule et le fond. Laisser refroidir complètement avant d'enlever le papier de protection.

Petit brunch de Noël ou de la Saint-Sylvestre

C'est à Noël que tous les hommes de la terre retrouvent leur coeur d'enfant. C'est la fête du pardon, de la générosité, de l'opulence sur les tables bien garnies de denrées que l'on retrouve seulement en ce temps de traditions.

Recevoir pour le brunch de Noël est très avantageux pour les personnes qui travaillent et qui ne peuvent se permettre de préparer toute la longue liste de mets traditionnels. Ainsi, on peut présenter oeufs, jambon, saucisses et boudins de toutes sortes, pains variés, et même un pain aux fruits traditionnel à la levure et quelques friandises du temps des fêtes.

On peut très bien préparer le gâteau aux fruits deux ou trois mois à l'avance, l'envelopper d'une mousseline imbibée de brandy et le «vieillir» dans une boîte métallique bien hermétique et le garder au frais. Certaines charcuteries se congèlent et quelques petites bouchées sucrées peuvent se préparer au moins une quinzaine de jours avant le brunch. Ainsi, votre travail se trouve allégé par ces préparatifs qui ne demandent pas tout votre temps à la dernière minute.

AU MENU

Punch chaud aux oeufs et au cognac
Pichet de jus d'oranges et de jus de pamplemousses
Pichet de jus de tomates

Raviers de crudités et d'olives variées

Pipérade basquaise
Pointes de pain, grillées et persillées

Pain *stollen* allemand, aux fruits et à la levure
Pain aux dattes et aux noix

Gâteau aux fruits et aux pacanes de la Georgie
Bouchées au chocolat et au beurre d'arachide
Beignes à l'ancienne
Biscuits croquants au gingembre de *Kris Kringle*

Café à la cardamome — Thé à la russe — Chocolatière
de chocolat au lait

Punch chaud aux oeufs et au cognac

Battre 6 jaunes d'oeufs et 310 mL (1 1/4 tasse) de sucre fin. Battre jusqu'à formation d'un ruban ou d'une belle masse jaune pâle et très épaisse.

Battre 6 blancs d'oeufs, une pincée de sel et 1 mL (1/4 c. à thé) de crème de tartre (*cream of tartar*). Battre les blancs en neige ferme.

Incorporer les jaunes aux blancs en «pliant». Déposer dans un beau bol à punch en argent ou dans un bol de présentation en cristal.

Comment servir le punch chaud:

Dans de grandes tasses, déposer de 15 à 30 mL (1 à 2 c. à table) du mélange d'oeufs battus, une bonne rasade de cognac ou de rhum et remplir la tasse d'eau bouillante. Brasser en faisant mousser. Saupoudrer d'un soupçon de muscade râpée.

Pichet de jus d'oranges et de jus de pamplemousses

Mélanger tout simplement moitié jus d'oranges/moitié jus de pamplemousses, quelques gouttes de sirop de grenadine et beaucoup de glaçons.

Pichet de jus de tomates

Le jus de tomates peut être additionné de jus de palourdes en bouteille ou de consommé de boeuf en conserve. On peut ajouter du sel de céleri, de la sauce anglaise et de la sauce Tabasco si désiré. Beaucoup de glaçons... et une larme d'alcool blanc dans chaque verre. Garnir de tranches de citrons.

Pipérade basquaise

Préparation aux légumes

2 oignons espagnols coupés en gros dés
1 gros poivron rouge épépiné et coupé en lamelles
1 gros poivron vert épépiné et coupé en lamelles
1 ou 2 gousses d'ail finement émincées
4 grosses tomates blanchies, coupées en petits quartiers
Pincée d'origan ou de basilic

1 - Dans un grand poêlon à fond épais, faire chauffer à feu vif 30 à 45 mL (2 à 3 c. à table) d'huile d'olive et 15 mL (1 c. à table) de beurre. Ajouter les oignons en dés, cuire sans toutefois leur faire prendre couleur. Puis ajouter les tomates, les poivrons, l'ail émincé, le sel, le poivre et l'origan ou le basilic. COUVRIR 5 minutes afin de cuire ou de faire «suer» les légumes. Retirer le couvercle et continuer de cuire jusqu'à absorption des liquides de cuisson. Laisser en attente.

2 - D'autre part, faire revenir au beurre bien chaud 6 ou 8 tranches de jambon de Bayonne ou de jambon cuit. Laisser en attente.

Préparation de l'omelette ou des oeufs brouillés au choix

Battre 8 oeufs avec 30 à 45 mL (2 à 3 c. à table) de persil haché et une noix de beurre. Chauffer un grand poêlon et faire fondre 30 mL (2 c. à table) de beurre et 30 mL (2 c. à table) d'huile d'olive ou autre huile végétale. Verser la préparation d'oeufs battus. Cuire en omelette en «feuilletant» à la fourchette ou en secouant le poêlon en mouvements circulaires, ou brouiller les oeufs à la cuiller de bois. Y verser la préparation de légumes et BROUILLER légèrement ou les incorporer délicatement aux oeufs. Garnir de tranches de jambon.

Déposer dans un plat de présentation ovale ou rond et garnir tout autour de pointes ou de triangles de pain grillé au four.

Beurrer le tour des pointes de pain grillé et passer dans le persil finement haché.

NOTE. — Servir à chaque convive une portion d'oeufs, de légumes et de jambon, sans oublier la petite tranche de pain grillé persillé.

Pain *stollen* allemand aux fruits

Préparation du levain rapide ou éponge

**250 mL (1 tasse) d'eau chauffée à 45°C (110°F) + 30 mL (2 c. à table) ou 2 sachets de levure sèche
375 mL (1 1/2 tasse) de farine
5 mL (1 c. à thé) de sucre**

Mélanger les ingrédients et bien brasser. Couvrir le bol et faire gonfler la levure au moins 30 minutes.

1 - Dans une petite casserole, chauffer 250 mL (1 tasse) de lait, 125 mL (1/2 tasse) de sucre, 10 mL (2 c. à thé) de sel, et 125 mL (1/2 tasse) de beurre mi-salé ou doux. Laisser tiédir à 45°C (110°F).

2 - Battre 3 oeufs et verser les oeufs battus dans l'éponge ou levain gonflé. Ajouter 500 mL (2 tasses) de farine. Brasser. Ajouter le liquide tiède et y incorporer 250 à 500 mL (1 à 2 tasses) de farine. Pétrir jusqu'à ce que la pâte se tienne bien et ne colle plus sous la paume de la main (1 à 1,25 L (4 à 5 tasses) de farine en tout).

3 - Déposer la pâte dans un grand bol graissé et la retourner sur les parois du bol afin de bien l'enduire de graisse. Couvrir d'une pellicule de plastique et d'un linge. Faire gonfler au double du volume.

4 - Abaisser la pâte avec le poing. Déposer la pâte sur une surface enfarinée et PÉTRIR en incorporant à la pâte 80 mL (1/3 tasse) de raisins de Corinthe, 125 mL (1/2 tasse) de fruits confits mélangés, coupés en dés, 125 mL (1/2 tasse) de cerises rouges et vertes confites, coupées en deux, 80 mL (1/3 tasse) de raisins secs sultanas et 80 mL (1/3 tasse) d'amandes blanches effilées ou en copeaux.

5 - Lorsque fruits et amandes sont bien incorporés, couper la pâte en deux portions. Rouler en un rectangle à extrémités arrondies ou en un ovale étroit d'environ 30 cm (12 po). Badigeonner de beurre fondu au pinceau à pâtisserie et saupoudrer de 10 mL (2 c. à thé) de sucre, et d'une pointe de cannelle. FERMER EN DEUX PRESQUE À LA BORDURE, c'est-à-dire en laissant un espace de 2,5 cm (1 po). Bien appuyer sur la pâte. Déposer sur une plaque très légèrement beurrée et enfarinée. Couvrir et laisser gonfler au double du volume. Utiliser 1 oeuf ou 1 jaune d'oeuf avec 30 mL (2 c. à table) d'eau pour dorer.

6 - Porter au four préchauffé à 190°C (375°F), 40 minutes. Donne deux pains de Noël.

7 - Refroidir le pain cuit sur un grillage à pâtisserie. Napper inégalement d'une glace assez fluide: 250 mL (1 tasse) de sucre à glacer avec 15 mL (1 c. à table) de beurre et de jus de citron, et 15 mL (1 c. à table) d'eau bouillante.

Servir en tranches, accompagné de beurre fouetté nature, ou additionné de miel et d'une pincée de cannelle.

NOTE. — On peut cuire un pain *stollen* et l'autre moitié en moule qui vous donnera un pain aux fruits moulé ou façonné en couronne. Glacer de la même glace.

Pain aux dattes et aux noix

En ces temps où la crise d'énergie hydro-électrique et du pétrole nous sensibilise à l'économie, pourquoi ne pas changer quelques habitudes et cuire plus d'un pain ou d'un gâteau à la fois afin d'utiliser tout l'espace du four en un seul temps. Le pain supplémentaire se congèle bien enveloppé d'une pellicule de plastique et d'un papier d'aluminium.

Il est entendu que l'on peut diviser cette recette en deux. Cuire dans un moule à pain au four à 180°C (350°F), environ 1 heure.

500 mL (2 tasses) de dattes sans noyaux coupées grossièrement
15 mL (1 c. à table) de bicarbonate de soude
5 mL (1 c. à thé) de sel
90 mL (6 c. à table) de graisse végétale ou de beurre doux ou salé
375 mL (1 1/2 tasse) d'eau BOUILLANTE

4 oeufs battus
10 mL (2 c. à thé) d'essence de vanille
500 mL (2 tasses) de sucre blanc

750 mL (3 tasses) de farine tout usage
375 mL (1 1/2 tasse) de pacanes ou de noix de Grenoble, hachées grossièrement

1 - Dans un bol à mélanger, déposer les dattes coupées, le bicarbonate de soude, le sel, la graisse végétale ou le beurre et l'eau bouillante. Brasser et laisser en attente.

2 - Battre les oeufs, le sucre et l'essence de vanille. Verser cette préparation sur la farine et les noix. Incorporer d'un trait le mélange de dattes sans trop BATTRE.

3 - Verser la préparation dans deux moules à pains graissés et enfarinés de 22 x 10 x 7 cm (9 x 5 x 3 po).

4 - Cuire au four préchauffé à 180°C (350°F), de 60 à 65 minutes ou jusqu'à cuisson parfaite. (Lorsque l'on pique le

centre du pain avec une broche de métal ou un bâtonnet en bambou, la pâte ne doit pas adhérer.)

5 - Démouler sur une grille à pâtisserie et retourner le pain encore chaud, face bombée en surface. Laisser refroidir complètement avant d'envelopper de pellicule de plastique et de papier d'aluminium. De préférence, laisser «vieillir» le pain au moins 12 heures. Déguster en minces tranches, natures ou beurrées.

Pour obtenir un pain aux dattes et aux épices, ajouter à l'appareil: 2 mL (1/2 c. à thé) de cannelle, 1 mL (1/4 c. à thé) de muscade et 1 mL (1/4 c. à thé) de quatre-épices (*allspice*).

Gâteau aux fruits et aux pacanes de la Georgie

Ce n'est pas un gâteau économique mais, tranché mince et servi en petites bouchées saupoudrées de sucre à glacer, il vaut le coup et c'est un succès instantané chaque fois que vous décidez d'en garnir votre table.

625 mL (2 1/2 tasses) de cerises confites, rouges et vertes
625 mL (2 1/2 tasses) d'ananas confits, coupés en dés
750 mL (3 tasses) de raisins blancs secs (*golden raisins*)
1 L (4 tasses) de pacanes

1 L (4 tasses) de farine
10 mL (2 c. à thé) de poudre à lever chimique
500 mL (2 tasses) de beurre doux
20 mL (4 c. à thé) de jus de citron
30 mL (2 c. à table) de cognac
560 mL (2 1/4 tasses) de sucre
6 gros oeufs

1 - Préparer les fruits confits, les raisins et les noix dans un grand bol à mélanger. Saupoudrer de 500 mL (2 tasses) de farine. Bien enrober les fruits et les noix.

2 - Tamiser le reste de la farine, soit 500 mL (2 tasses), avec 10 mL (2 c. à thé) de poudre à lever chimique.

3 - Réduire en crème le beurre et le sucre, puis ajouter les oeufs, un à un. Bien battre entre chaque addition. Ajouter le jus de citron et le cognac. Bien battre et ajouter le reste des ingrédients secs tamisés.

4 - Verser la pâte sur les fruits et les noix enfarinés. Bien mêler avec les mains afin de faire disparaître toute trace de farine.

5 - Verser la pâte dans un gros moule tubulaire de 25 cm (10 po) de diamètre bien graissé ou 2 moules de 22 x 10 x 7 cm (9 x 5 x 3 po) ou 3 moules de 20 x 10 x 7 cm (8 x 4 x 3 po) graissés généreusement. Bien distribuer la pâte dans les moules et tasser la pâte avec le dos de la cuiller de bois.

6 - Cuire sur la grille centrale du four, à 135°C (275°F), environ 4 heures pour un gros gâteau et environ 2 heures pour les plus petits. (Prévoir une lèchefrite contenant de l'eau chaude sur la grille inférieure afin de cuire le gâteau à l'humidité.)

7 - Lorsqu'il est cuit, le sortir du four et le déposer sur un grillage à pâtisserie. (NE LE DÉMOULER QUE REFROIDI.) Laisser refroidir complètement et envelopper dans un papier d'aluminium ou dans une mousseline imbibée de cognac ou de bourbon. Déposer dans une boîte métallique qui ferme hermétiquement. Garder au frais. Peut se préparer 2 mois à l'avance. Se congèle très bien et se garde 1 an.

Petites bouchées au chocolat et au beurre d'arachide

125 mL (1/2 tasse) de saindoux ou de margarine
125 mL (1/2 tasse) de beurre d'arachide, croquant ou nature
125 mL (1/2 tasse) de sucre
125 mL (1/2 tasse) de cassonade bien tassée

1 oeuf
30 mL (2 c. à table) d'eau

310 mL (1 1/4 tasse) de farine tout usage
2 mL (1/2 c. à thé) de bicarbonate de soude
2 mL (1/2 c. à thé) de poudre à lever chimique
1 mL (1/4 c. à thé) de sel
60 mL (1/4 tasse) de noix hachées ou d'arachides salées ou nature
125 mL (1/2 tasse) de brisures de chocolat ou plus, si désiré
180 g (6 oz) de brisures de chocolat mi-amer

1 - Bien mélanger et réduire en crème le beurre d'arachide, la margarine et les sucres. Ajouter 30 mL (2 c. à table) d'eau. Battre.

2 - Incorporer les ingrédients secs, déjà tamisés, les noix et les brisures de chocolat.

3 - Verser la pâte très épaisse sur une plaque de 40 x 25 x 2,5 cm (15 x 10 x 1 po) graissée. Étaler la pâte bien mince. Cuire au four préchauffé à 190°C (375°F), environ 20 minutes.

4 - Sortir du four. Déposer la plaque entière sur un grillage à pâtisserie et immédiatement saupoudrer toute la surface du mince gâteau des brisures de chocolat. Bien les distribuer. COUVRIR LA PLAQUE D'UN PAPIER D'ALUMINIUM. Ainsi,

les brisures de chocolat fondent et, 5 minutes plus tard, étaler la glace instantanée à l'aide d'une lame de couteau ou d'une spatule.

Couper en petits carrés de 2,5 cm (1 po). Garder au frais dans une boîte métallique. Au moment de servir, saupoudrer légèrement de sucre à glacer.

Beignes à l'ancienne

C'est une petite recette de beignes qui va plaire aux débutants. Grand-mère Héroux suggère d'abaisser la pâte avec les paumes des mains.

2 oeufs
310 mL (1 1/4 tasse) de sucre

250 mL (1 tasse) de crème légère
45 mL (3 c. à table) de graisse fondue
5 mL (1 c. à thé) d'essence de vanille
15 mL (1 c. à table) de brandy (facultatif)

875 mL (3 1/2 tasses) de farine tout usage
2 mL (1/2 c. à thé) de sel
15 mL (1 c. à table) de poudre à lever chimique

1 mL (1/4 c. à thé) de poudre de crème de tartre (*cream of tartar*)

1 - Bien battre au fouet électrique les oeufs et le sucre jusqu'à formation du ruban ou d'une belle masse jaune pâle.

2 - Verser d'un trait la crème, la vanille, la graisse fondue et la cuiller de brandy (on mélange dans une grande tasse à mesurer les ingrédients précités). Bien brasser.

3 - Ajouter d'un trait les ingrédients secs tamisés. Brasser À LA CUILLER DE BOIS. Le mélange épaissit mais semble encore mouillé. Laisser en attente une dizaine de minutes.

4 - Dans un poêlon de fonte noire de 18 cm (7 po) déposer 500 mL (1 lb) de graisse végétale et faire fondre jusqu'à ce qu'il soit très chaud. Contrôler la chaleur car les beignes doivent cuire vite sans toutefois brûler ni s'imbiber de gras.

5 - Diviser la pâte en 3. Abaisser la pâte avec la paume des mains ou au rouleau à pâtisserie de façon à ce qu'elle fasse 0,75 à 1,25 cm (1/4 à 1/2 po) d'épaisseur. Ne pas écraser la pâte. Couper à l'emporte-pièce à beignes (de préférence un petit emporte-pièce de 5 cm (2 po).)

6 - Cuire, en pleine friture, 5 beignes à la fois. Ne les tourner qu'une fois. Bien les égoutter sur un papier absorbant. Les saupoudrer de sucre à glacer. Les congeler de préférence à très basse température.

Se dégustent immédiatement chauds ou congelés et passés au four quelques minutes.

Biscuits croquants au gingembre de *Kris Kringle*

Pour le temps de Noël et du Jour de l'An, couper à l'emporte-pièces des petits bonshommes de pains d'épices ou des animaux. Avant de mettre au four, sur la plaque à biscuits, pratiquer une ouverture à l'aide d'une paille à boire sur le coin des biscuits. Lorsqu'ils seront cuits, vous pourrez passer un petit ruban de papier fripé et faire une boucle ou des anneaux de ruban afin de suspendre les biscuits dans l'arbre de Noël.

Pour la Saint-Valentin, couper à l'emporte-pièce en forme de coeur, passer un ruban blanc, rouge ou rose.

625 mL (2 1/2 tasses) de farine tout usage
2 mL (1/2 c. à thé) de bicarbonate de soude
10 à 15 mL (2 à 3 c. à thé) de gingembre moulu
1 à 2 mL (1/4 à 1/2 c. à thé) de cannelle, de muscade, de quatre-épices (allspice)
125 mL (1/2 tasse) de beurre mou
125 mL (1/2 tasse) de sucre
1 oeuf
80 mL (1/3 tasse) de sirop de maïs
80 mL (1/3 tasse) de miel liquide
30 mL (2 c. à table) de mélasse noire
15 mL (1 c. à table) de vinaigre blanc ou de vinaigre de cidre

1 - Préparer et tamiser les ingrédients secs et les épices.

2 - Réduire en crème le beurre et le sucre, puis ajouter le miel, le sirop de maïs et la mélasse. Ajouter l'oeuf. Battre.

3 - Incorporer les ingrédients secs déjà tamisés. La pâte sera épaisse. Façonner en 3 boules et réfrigérer (au moins 6 heures).

4 - Rouler la pâte très mince sur une surface enfarinée et saupoudrée de quelques cuillerées de sucre. Découper à l'emporte-pièce de votre choix.

5 - Déposer sur une plaque à biscuits légèrement graissée ou vaporisée à l'enduit végétal. Pratiquer l'ouverture avec une paille à boire.

6 - Cuire au four préchauffé à 190°C (375°F) environ 8 minutes ou jusqu'à ce qu'ils soient bien dorés. Les biscuits durcissent au contact de l'air. Refroidir sur un grillage à pâtisserie. On peut les passer ou les glacer avec un peu de glace royale étalée au couteau. La glace sèche et devient vitrée et dure.

Glace royale:

Battre 1 blanc d'oeuf et 1 pincée de crème de tartre. Lorsque le blanc est bien monté, ajouter ou incorporer 430 à 500 mL (1 3/4 à 2 tasses) de sucre à glacer. Garder la glace couverte d'un linge humide durant le glaçage des biscuits.

Café à la cardamome

Préparer un café filtre ou au percolateur à raison de 15 mL (1 c. à table) de bon café frais moulu et 200 mL (7 oz) d'eau bouillante.

Ajouter dans le bac du filtre ou du percolateur des grains de cardamome blanche écrasés (environ 5 à 6 gousses de cardamome). Infuser le café et servir ainsi parfumé.

Thé à la russe

À une théière de bon thé noir, ajouter 1 grosse feuille de laurier et quelques brins de thym frais. Infuser. Servir en tasse et sucrer avec de la gelée de groseilles rouges ou de cassis. C'est délicieux!

Et pour ceux qui n'ont pas le temps...

On se lève tard, on ne mange pas de petit déjeuner parce que, par mauvaise habitude, on n'a tout simplement pas le temps... Allons, allons! À partir de maintenant, vous allez croquer un beau fruit cinq minutes avant de vous lever. Car à l'avenir, vous déposerez toujours une petite assiette en-cas sur votre table de chevet avec de beaux fruits bien luisants, un petit couteau à bout rond et une jolie serviette de table. Voilà! il s'agissait d'y penser. On ouvre un oeil, on s'étire comme un chat et croc! on mord... le fruit. Vous êtes déjà moins à jeun et de meilleur pied pour attaquer la journée. Et pour ceux qui prétendent que le petit déjeuner gêne l'estomac le matin... foutaise! C'est peut-être tout simplement un peu de paresse, non?

Si vraiment, par paresse, vous n'aimez pas préparer le café ou une boisson chaude le matin, pensez-y bien. Une tasse d'eau chaude additionnée du jus d'un demi-citron fait des merveilles au niveau du foie, de la circulation et vous donne par le fait même un teint éclatant.

Et à l'heure de la fringale, l'avant-midi, c'est le temps de manger un bon muffin maison préparé la veille ou même quelques jours plus tôt, à condition de l'avoir rangé au frais dans une boîte métallique ou un pot de verre. Ce muffin est facile d'apprêt et rempli de vitamines, de protéines et de minéraux. On peut varier les saveurs à l'infini. À la banane et aux noix, aux dattes, aux raisins secs, à la papaye rouge, aux carottes, au potiron ou à la citrouille, aux pommes fraîches ou à la compote de pommes, aux petites baies... la liste est encore longue. Il s'agit d'y mettre une pointe d'imagination. On peut ajouter aux muffins du son naturel, du germe de blé, des flocons d'avoine ou encore varier les farines afin de changer la routine alimentaire.

La même règle est toujours à appliquer pour réussir les muffins ou même les pains éclairs: tamiser les ingrédients ou tout simplement les mélanger. Battre les ingrédients liquides tels que oeufs, lait ou jus, huile ou beurre.

Verser les liquides sur les ingrédients secs et les fruits ou noix de votre choix. NE PAS TROP BATTRE L'APPAREIL. Vaporiser les moules à muffins ou à pains d'enduit végétal ou les graisser et les enfariner légèrement.

La taille des moules est aussi importante... plus le muffin est petit... moins il y a de calories.

Puis un morceau de fromage, un yaourt ou un verre de lait comble les besoins quotidiens en calcium. L'ostéoporose est toujours loin des gens qui se nourrissent bien.

Le petit déjeuner peut devenir le repas de la boîte à lunch. Échanger vos petits lunches avec vos amis, vous verrez c'est amusant, différent, et surtout très sain.

Bâtonnets de céleri, fenouil frais, carottes, poivrons jaunes, rouges et verts, fleurettes de chou-fleur, bâtonnets de chayote ou courge verte mexicaine, le tout agrémenté d'un tronçon de citron jaune ou vert. Prendre soin au choix de couleurs, varier les textures et les saveurs.

Muffins au son

Une recette hypocalorique qui donne 14 gros muffins, 18 moyens ou 48 miniatures.

60 mL (1/4 tasse) d'huile végétale ou de beurre fondu
2 oeufs battus
125 mL (1/2 tasse) de mélasse ou miel

375 mL (1 1/2 tasse) de farine de blé entier ou tout usage
180 mL (3/4 tasse) de son naturel en flocons
30 mL (2 c. à table) de germes de blé naturel (facultatif)
7 mL (1 1/2 c. à thé) de poudre à lever chimique
2 mL (1/2 c. à thé) de bicarbonate de soude
1 mL (1/4 c. à thé) de sel
80 mL (1/3 tasse) de raisins secs *sultanas*
80 mL (1/3 tasse) de pacanes ou de noix de Grenoble grossièrement hachées
6 dattes dénoyautées, coupées (facultatif)
125 mL (1/2 tasse) d'eau
125 mL (1/2 tasse) de babeurre (*buttermilk***) ou de lait**

1 - Dans un bol à mélanger, déposer les ingrédients secs, les raisins, les dattes et les noix. Laisser en attente.

2 - Battre les oeufs, le beurre fondu, l'eau et le babeurre ou le lait.

3 - Verser les liquides sur les ingrédients secs. Ne pas trop BATTRE.

4 - Laisser reposer l'appareil à muffins une dizaine de minutes.

5 - Répartir la pâte dans 18 moules à muffins préalablement vaporisés d'enduit végétal ou légèrement graissés.

6 - Cuire au four préchauffé à 200°C (400°F) de 18 à 20 minutes.

Servir encore chaud, tiède ou froid. Accompagner de beurre et de miel ou de confitures.

Pain éclair à l'orange et aux dattes

500 mL (2 tasses) de farine tout usage
1 mL (1/4 c. à thé) de sel
5 mL (1 c. à thé) de poudre à lever chimique
2 mL (1/2 c. à thé) de bicarbonate de soude
125 mL (1/2 tasse) de pacanes ou de noix de Grenoble grossièrement hachées
125 mL (1/2 tasse) de dattes coupées en menus morceaux

2 gros oeufs
160 mL (2/3 tasse) de lait
1 orange moyenne avec sa pelure, coupée en morceaux
45 mL (3 c. à table) de beurre, de margarine ou de graisse végétale
180 mL (3/4 tasse) de sucre blanc

1 - Dans un bol à mélanger, déposer la farine tout usage, le sel, la poudre à lever chimique, les noix et les dattes. Bien mélanger les ingrédients secs. Laisser en attente.

2 - Dans le contenant du mélangeur, déposer les oeufs, le lait, l'orange coupée en morceaux, le beurre et le sucre. Réduire en purée liquide.

3 - Verser le liquide sur les ingrédients secs. BATTRE juste ce qu'il faut pour amalgamer les éléments.

4 - Verser l'appareil dans un moule à pain de 22 x 10 x 7 cm (9 x 5 x 3 po) vaporisé d'enduit végétal ou graissé légèrement et enfariné.

5 - Cuire au four préchauffé à 180°C (350°F) environ 70 minutes.

6 - Démouler sur une grille à pâtisserie et laisser refroidir complètement avant d'envelopper dans un papier d'aluminium. Laisser «vieillir» au moins 12 heures au frais. Servir en minces tranches, nature ou avec du beurre.

NOTE. — On peut remplacer les dattes par des raisins secs *sultanas* et les noix par des amandes effilées.

Cake aux carottes à la juive

C'est un appareil à gâteau très sain qui peut se cuire dans des moules variés. Le moule *bundt* ou tubulaire de fantaisie, le moule à *kugelhoff* de 25 cm (10 po) ou tout simplement le moule tubulaire de 25 cm (10 po) uni donnent une jolie présentation d'un gros gâteau à servir pour une table-buffet, pour le lunch ou la collation.

Le moule rectangulaire de 33 x 23 x 8 cm (13 x 9 x 3 po) présente un gâteau plus simple mais pratique pour le service à la maison ou en pique-nique. Les moules à pains permettent de servir le *cake* en petites tranches. Et si on met le mélange à muffins dans des moules de papier avant de les déposer dans le moule de métal, ils pourront très facilement aller dans la boîte à lunch.

4 oeufs
250 mL (1 tasse) de cassonade
125 mL (1/2 tasse) de mélasse
125 mL (1/2 tasse) de miel
375 mL (1 1/2 tasse) d'huile végétale
10 mL (2 c. à thé) d'essence de vanille
750 mL (3 tasses) de farine tout usage ou de blé entier
10 mL (2 c. à thé) de poudre à lever chimique et de bicarbonate de soude
2 mL (1/2 c. à thé) de sel, de cannelle, de muscade et de coriandre sèche moulue
1 mL (1/4 c. à thé) de gingembre moulu et de quatre-épices (allspice)

250 mL (1 tasse) d'ananas écrasés au sirop, égouttés
500 mL (2 tasses) de carottes râpées
250 mL (1 tasse) de pacanes ou de noix de Grenoble
250 mL (1 tasse) de dattes, coupées
125 mL (1/2 tasse) de raisins secs sultanas
Zeste de 1 orange et de 1 citron
60 mL (4 c. à table) de noix de coco sèche, râpée (facultatif)
60 mL (4 c. à table) de germe de blé naturel (facultatif)

1 - Dans un très grand bol à mélanger, déposer la farine, la poudre à lever chimique, le bicarbonate de soude, le sel et les épices.

2 - À ce mélange d'ingrédients secs, ajouter les ananas écrasés égouttés, les carottes râpées, les noix, les dattes, les raisins secs, les zestes du citron et de l'orange. Si désiré, le germe de blé et la noix de coco.

3 - Bien battre les oeufs, la cassonade, le miel, la mélasse et l'essence de vanille. Verser goutte à goutte l'huile végétale afin d'obtenir une belle émulsion ou un mélange épais et sans grains de sucre.

4 - Verser le mélange oeufs-huile sur les ingrédients secs, les ananas et les carottes râpées. Brasser seulement ce qu'il faut pour bien amalgamer tous les éléments.

5 - Verser l'appareil à gâteau dans un moule tubulaire de 25 cm (10 po), graissé et enfariné ou vaporisé d'enduit végétal ou dans un moule rectangulaire de 35 x 22 x 7 cm (14 x 9 x 3 po) ou dans des moules à pain de 20 x 10 x 6 cm (8 x 4 x 2 1/2 po) graissés ou dans des moules à muffins graissés ou vaporisés à l'enduit végétal.

6 - Cuire au four préchauffé à 180°C (350°F), environ 1 heure et 15 minutes pour les gros moules, 45 minutes pour les petits moules à pain et de 25 à 30 minutes pour les muffins. Refroidir sur un grillage à pâtisserie et, de préférence, laisser «vieillir» les gâteaux au moins 12 heures. Envelopper dans une pellicule de plastique ou du papier d'aluminium. Garder au frais. Au moment de servir, saupoudrer tout simplement de sucre à glacer.

NOTE. — On pourrait aussi préparer une glace à base de fromage à la crème ou de fromage blanc, de sucre à glacer, de jus de citron et une goutte de vanille. Servir la glace dans un bol et chaque invité tartine sa tranche de cake de glace ou encore glacer un gros gâteau ou le dessus des petits muffins. Un tel cake s'apprécie mieux nature.

Index

ABATS
Rognons sautés au vin blanc et aux fines herbes   102

BOISSONS
Café à la cardamome   240
Café au lait à la chicorée   88
Café kona glacé d'Hawaï   44
Café liégeois   113
Cidre chaud et épicé   15
Chocolat au lait à l'espagnole   160
Cidre chaud en tasse   151
Cocktail au jus de canneberges et jus d'ananas   133
Cocktail Cape Codder ou Capecodder   133
Flûte de melon cantaloup rose
    et framboises au champagne   171
Glogg scandinave   118
Horchata de semillas de melon
    (eau de graines de cantaloup)   57
Infusion d'églantier   191
Jus de canneberges chaud ou rafraîchi   117
Jus d'orange au champagne   189
Jus de jus d'oranges et de pamplemousses (pichet) 229
Jus de pommes (pichet)   15
Jus de tomates à la diable   134
Jus de tomates (pichet)   229
Punch au champagne et couronne
    de glaçons aux petits fruits   204
Punch aux fruits (pichet)   56
Punch chaud aux oeufs et au cognac   229
Thé à la russe   240

CHARCUTERIE

Figues fraîches au *Prosciutto*   101
Médaillons de chair à saucisse dorés   37
Pâté de foie à la normande   141
Rillettes de porc   143
Saucisses maison de type *kebapcheta*   68
Saucisson en croûte   85
Soudzoukakia (petites saucisses de Smyrne)   76
Tranches de bacon croustillant poêlé   35
Tranches de bacon ou de lard fumé   croquantes au four   35

CRÊPES

Appareil de base pour les crêpes fines   163
Crêpes au chocolat et au Grand Marnier   168
Crêpes aux bananes flambées   167
Crêpes dentelles aux pommes de terre   120
Crêpes farcies aux oeufs durs et à la sauce au cari   166
Gâteau de crêpes aux épinards et au jambon   164
Hotcakes ou crêpes à l'américaine   31

DESSERTS

Gelée au café   185
Postre de camotes (patates douces caramélisées)   62
Surprise gourmande de la Saint-Valentin   175

DIVERS

Aquavit en bloc de glace   127
Cerises à l'eau-de-vie   195
Dragées-souvenir des mariés   221
Gelée au madère ou au porto pour glacer des canapés   209
Liqueur maison à la framboise   147
Rosat ou confit de pétales de roses   80

FROMAGES

Fromage brie "jardinière"   220
Petcheno siréné (tartinade de fromage blanc au paprika)   68

FRUITS

Assiette de fruits frais du pays   48
Compote de fruits secs et d'abricots au sirop   151
Coulis de fraises cuites   196
Coulis de fraises fraîches   196
Coupe d'abricots frais aux raisins noirs et verts   189
Demi-melon charentais aux petits fruits
    sur socle de glace   83
Figues fraîches au *Prosciutto*   101
Fraises au sucre et au porto   176
Marmelade maison aux papayes   199
Nectar d'abricots ou de poires   67
Pamplemousse grillé au rhum   91
Pruneaux secs à l'eau-de-vie à la Gasconne   87
Quartier de melon de miel aux cerises à l'eau-de-vie   195
Radis-beurre   83
Suprême de pamplemousse et clémentines
    à la liqueur d'orange   134
Tranches d'orange aux amandes rafraîchies   107
Yogourt nature aux fruits frais   67

GÂTEAUX

Cake aux carottes à la juive   245
Cake aux fruits à l'écossaise   225
Gâteau aux fruits et aux pacanes de la Georgie   234
Gâteau aux pommes panaché   27
Gâteau des mariés   222

GRANITÉS ET SORBETS

Granité à la framboise   146
Sorbet au citron   221

HORS D'OEUVRE

Barquettes de mousse de foie au madère   210
Corbeille blanche de petits sandwiches de fantaisie   211
Tartelette miniature à la mousse de fromages en gelée   211

JAMBON

Jambon express à l'ananas   36
Jambon à la mode du chef Marcel Kretz   183
Petit jambon moutarde et marmelade   25
Roulés au jambon   172

LÉGUMES

Aspic tomaté à la portugaise   144
Champignons crus farcis   135
Champignons farcis au four   136
Champignons sautés au persil   216
Concombres *"Miseria"*   182
Mouillettes d'asperges blanches   190
Pipérade basquaise   230
Ravier de crudités   181
Salade de chou à la vinaigrette à la crème   39
Salade de petites laitues, de poires
     et de bleu d'Auvergne   147
Salade de pois mange-tout et de fleurettes
     de chou-fleur   219
Spanakopita (soufflé aux épinards en pâte de *filo*)   75

LÉGUMINEUSES ET GRAINS

Frijoles de olla (haricots rouges en cocotte)   51
Frijoles refritos (haricots en purée frits)   52
Riz pilaf à l'italienne   103

OEUFS

Gâteau d'omelette au bacon fumé et jambon   119
Huevos rancheros (oeufs à la mode du fermier)   58
Huevos revueltos a la mexicana
     (oeuf brouillés à la mexicaine)   48
Oeuf à la coque mollet au gros sel   179
Oeuf à la coque mollet en cocotier   190
Oeufs brouillés et hareng fumé sur toasts   93
Oeufs brouillés au saumon fumé de Victoria   21
Oeufs frits au gras de bacon   34
Oeufs pochés au sirop d'érable du Québec   22
Omelette aux croûtons, sauce au cerfeuil   108
Omelette de la Mère Michel   84, 85

Omelette de rondelles (*pennies*) de
    saucisses de Francfort ou *wieners*   34
Omelette grand-mère   24
Omelette soufflée aux fraises   196
Omelettes aux garnitures salées:
    à la sauce bâtarde et au jambon   155
    au bacon fumé croustillant   154
    au chorizo espagnol   153
    aux pommes de terre lyonnaises   153
    aux poivrons verts et rouges à la portugaise   154
    aux saucisses grillées ou rôties   153
Omelettes aux garnitures sucrées:
    à la marmelade d'orange et à la liqueur d'orange   156
    aux gelées de choix   156
    flambée au rhum   156
Quiche bourbonnaise   140
Ravier d'oeufs farcis printanniers   180
Roulé à la japonaise   214
Toad-in-a-hole (flan anglais aux saucisses)   92

PAINS

Bolillos (petits pains croûtés mexicains)   53
Cinamon toasts (toasts à la cannelle)   42
Coffee-cake aux bleuets de Boston   43
Cramique   110
Johnny cake à la semoule de blé d'Inde de l'Oklahoma   41
La Rosca de reyes (couronne du jour
    des Rois de l'Amérique Latine)   158
Miche de pain du *méhana*   70
Mollettes con frijoles
(petits pains ou bolillos aux haricots frits)   62
Mouillettes grillées de pain français   191
Muffins au blé d'Inde de l'Ontario   18
Muffins au son   243
Muffins aux canneberges   173
Pain à la banane   197
Pain aux oeufs et aux graines de sésame   77
Pain aux dattes et aux noix   233
Pain aux fruits "monseigneur" de Terre-Neuve   17
Pain éclair aux noix et aux lingonnes du lac Saint-Jean   16
Pain éclair aux raisins secs à la belge   112

Pain éclair à l'orange et aux dattes   244
Pain *Limpa* à la suédoise   124
Pain santé des plaines de l'ouest canadien   19
Pain *stollen* allemand aux fruits   231
Panque de cafe y canela
    (quatre-quarts au café et à la cannelle)   63
Petits pains minute au babeurre de la Pennsylvanie   40
Scones anglais   96
Scones écossais au four   97
Tortillas de harina nortenas (tortillas
    de farine de blé du Nord)   49
Tresse aux oeufs de Pâques à la grecque   184

PÂTE À TARTE

Pâte à tarte infaillible   141
Pâte brisée minute au robot culinaire   86

PÂTISSERIES

Banitza au fromage (roulé en escargot au fromage)   71
Beignes à l'ancienne   237
Biscuits croquants au gingembre de **Kris Kringle**   239
Bouchées au chocolat et au beurre d'arachide   236
Galette à la frangipane   157
Galettes dentelle à la graine de sésame   186
Koulibiac à la russe   215
Koulourakia (petits biscuits ou gâteaux secs au beurre)   78
Mignardises anglaises   148
Petits gâteaux aux pommes et aux amandes   126

POISSONS ET CRUSTACÉS

Filet de saumon poché   216
Fontaine de crevettes géantes sur lit de cresson   207
"Gougeonnettes" de poisson   137
Gravlax ou saumon "cuit" en marinade   122
Hareng fumé et oeufs brouillés sur toasts   93

POMMES DE TERRE

Crêpes de pommes de terre du Nouveau-Brunswick   26
Crêpes dentelles aux pommes de terre   120
Hachis de rôti de viande et
     pommes de terre à l'oeuf cru   121
Hash brown potatoes (hachis
     de pommes de terre rissolées)   38

SAUCES

Recaudo de jitomate (sauce aux tomates)   60
Salsa cruda (petit hachis cru de tomates)   59
Salsa ranchera (sauce aux tomates à la fermière)   59
Sauce au cerfeuil   109
Sauce émulsionnée aux trois moutardes   123
Sauce tartare maison   137
Sauce tomate fraîche au basilic   208
Sauce verte aux oeufs de saumon   218

SIROPS

Simili sirop d'érable maison   23
Sirop aux bleuets du Maine   32
Sirop aux "cotons" de blé d'Inde du Dakota du Nord   33

SOUPES

Bouillon de dinde bien chaud à la garniture d'oeuf   139
Soupe froide aux concombres et au fenouil   205

VIANDES

Mixed grill anglais   94
Sabana de carne de cerdo con huevos estilo Nayarit
     (édredon de porc dans le style de l'état de Nayarit)   61

*Lithographié au Canada
sur les presses de
Métropole Litho Inc.*

Ouvrages parus aux ÉDITIONS DE L'HOMME

sans * pour l'Amérique du Nord seulement
* pour l'Europe et l'Amérique du Nord
** pour l'Europe seulement

ALIMENTATION — SANTÉ

Allergies, Les, Dr Pierre Delorme
* **Cellulite, La,** Dr Jean-Paul Ostiguy
Conseils de mon médecin de famille, Les, Dr Maurice Lauzon
Contrôler votre poids, Dr Jean-Paul Ostiguy
Diététique dans la vie quotidienne, La, Louise Lambert-Lagacé
Face-lifting par l'exercice, Le, Senta Maria Rungé
* **Guérir ses maux de dos,** Dr Hamilton Hall
* **Maigrir en santé,** Denyse Hunter
* **Maigrir, un nouveau régime de vie,** Edwin Bayrd
Massage, Le, Byron Scott
Médecine esthétique, La, Dr Guylaine Lanctôt
* **Régime pour maigrir,** Marie-Josée Beaudoin
* **Sport-santé et nutrition,** Dr Jean-Paul Ostiguy
* **Vivre jeune,** Myra Waldo

ART CULINAIRE

Agneau, L', Jehane Benoit
Art d'apprêter les restes, L', Suzanne Lapointe
* **Art de la cuisine chinoise, L',** Stella Chan
Art de la table, L', Marguerite du Coffre
Boîte à lunch, La, Louise Lambert-Lagacé
Bonne table, La, Juliette Huot
Brasserie la Mère Clavet vous présente ses recettes, La, Léo Godon
Canapés et amuse-gueule
101 omelettes, Claude Marycette
Cocktails de Jacques Normand, Les, Jacques Normand
Confitures, Les, Misette Godard
* **Congélation des aliments, La,** Suzanne Lapointe
* **Conserves, Les,** Soeur Berthe
* **Cuisine au wok, La,** Charmaine Solomon
Cuisine chinoise, La, Lizette Gervais
Cuisine de Maman Lapointe, La, Suzanne Lapointe
Cuisine de Pol Martin, La, Pol Martin
Cuisine des 4 saisons, La, Hélène Durand-LaRoche
* **Cuisine du monde entier, La,** Jehane Benoit
Cuisine en fête, La, Juliette Lassonde
Cuisine facile aux micro-ondes, Pauline Saint-Amour
* **Cuisine micro-ondes, La,** Jehane Benoit
Desserts diététiques, Claude Poliquin
Du potager à la table, Paul Pouliot, Pol Martin
En cuisinant de 5 à 6, Juliette Huot
* **Faire son pain soi-même,** Janice Murray Gill
* **Fèves, haricots et autres légumineuses,** Tess Mallos
Fondue et barbecue
* **Fondues et flambées de Maman Lapointe,** S. et L. Lapointe
Fruits, Les, John Goode
Gastronomie au Québec, La, Abel Benquet
Grande cuisine au Pernod, La, Suzanne Lapointe
Grillades, Les
* **Guide complet du barman, Le,** Jacques Normand
Hors-d'oeuvre, salades et buffets froids, Louis Dubois

Légumes, Les, John Goode
Liqueurs et philtres d'amour, Hélène Morasse
Ma cuisine maison, Jehane Benoit
Madame reçoit, Hélène Durand-LaRoche
* Menu de santé, Louise Lambert-Lagacé
Pâtes à toutes les sauces, Les, Lucette Lapointe
Pâtisserie, La, Maurice-Marie Bellot
Petite et grande cuisine végétarienne, Manon Bédard
Poissons et crustacés
Poissons et fruits de mer, Soeur Berthe
* Poulet à toutes les sauces, Le, Monique Thyraud de Vosjoli

Recettes à la bière des grandes cuisines Molson, Les, Marcel L. Beaulieu
Recettes au blender, Juliette Huot
Recettes de gibier, Suzanne Lapointe
Recettes de Juliette, Les, Juliette Huot
Recettes pour aider à maigrir, Dr Jean-Paul Ostiguy
Robot culinaire, Le, Pol Martin
Sauces pour tous les plats, Huguette Gaudette, Suzanne Colas
* Techniques culinaires, Les, Soeur Berthe
* Une cuisine sage, Louise Lambert-Lagacé
Vins, cocktails et spiritueux, Gilles Cloutier
Y'a du soleil dans votre assiette, Francine Georget

DOCUMENTS — BIOGRAPHIES

Art traditionnel au Québec, L', M. Lessard et H. Marquis
Artisanat québécois, T. I, Cyril Simard
Artisanat québécois, T. II, Cyril Simard
Artisanat québécois, T. III, Cyril Simard
Bien pensants, Les, Pierre Berton
Charlebois, qui es-tu? Benoît L'Herbier
Comité, Le, M. et P. Thyraud de Vosjoli
Daniel Johnson, T. I, Pierre Godin
Daniel Johnson, T. II, Pierre Godin
Deux innocents en Chine Rouge, Jacques Hébert, Pierre E. Trudeau
Duplessis, l'ascension, T. I, Conrad Black
Duplessis, le pouvoir, T. II, Conrad Black
Dynastie des Bronfman, La, Peter C. Newman
Écoles de rang au Québec, Les, Jacques Dorion
* Ermite, L', T. Lobsang Rampa
Establishment canadien, L', Peter C. Newman
Fabuleux Onassis, Le, Christian Cafarakis
Filière canadienne, La, Jean-Pierre Charbonneau
Frère André, Le, Micheline Lachance
Insolences du frère Untel, Les, Frère Untel
Invasion du Canada L', T. I, Pierre Berton
Invasion du Canada L', T. II, Pierre Berton
John A. Macdonald, T. I, Donald Creighton

John A. Macdonald, T. II, Donald Creighton
Lamia, P.L. Thyraud de Vosjoli
Magadan, Michel Solomon
Maison traditionnelle au Québec, La, M. Lessard, G. Vilandré
Mammifères de mon pays, Les, St-Denys-Duchesnay-Dumais
Masques et visages du spiritualisme contemporain, Julius Evola
Mastantuono, M. Mastantuono, M. Auger
Mon calvaire roumain, Michel Solomon
Moulins à eau de la vallée du St-Laurent, Les, F. Adam-Villeneuve, C. Felteau
Mozart raconté en 50 chefs-d'oeuvre, Paul Roussel
Nos aviateurs, Jacques Rivard
Nos soldats, George F.G. Stanley
Nouveaux Riches, Les, Peter C. Newman
Objets familiers de nos ancêtres, Les, Vermette, Genêt, Décarie-Audet
Oui, René Lévesque
* OVNI, Yurko Bondarchuck
Papillons du Québec, Les, B. Prévost et C. Veilleux
Patronage et patroneux, Alfred Hardy
Petite barbe, j'ai vécu 40 ans dans le Grand Nord, La, André Steinmann
* Pour entretenir la flamme, T. Lobsang Rampa
Prague, l'été des tanks, Desgraupes, Dumayet, Stanké
Prince de l'Église, le cardinal Léger, Le, Micheline Lachance

Provencher, le dernier des coureurs de bois, Paul Provencher
Réal Caouette, Marcel Huguet
Révolte contre le monde moderne, Julius Evola
Struma, Le, Michel Solomon
Temps des fêtes au Québec, Le, Raymond Montpetit
Terrorisme québécois, Le, Dr Gustave Morf

* **Treizième chandelle, La,** T. Lobsang Rampa
Troisième voie, La, Me Emile Colas
Trois vies de Pearson, Les, J.-M. Poliquin, J.R. Beal
Trudeau, le paradoxe, Anthony Westell
Vizzini, Sal Vizzini
Vrai visage de Duplessis, Le, Pierre Laporte

ENCYCLOPÉDIES

Encyclopédie de la chasse au Québec, Bernard Leiffet
Encyclopédie de la maison québécoise, M. Lessard, H. Marquis
* **Encyclopédie de la santé de l'enfant, L',** Richard I. Feinbloom
Encyclopédie des antiquités du Québec, M. Lessard, H. Marquis

Encyclopédie des oiseaux du Québec, W. Earl Godfrey
Encyclopédie du jardinier horticulteur, W.H. Perron
Encyclopédie du Québec, vol. I, Louis Landry
Encyclopédie du Québec, vol. II, Louis Landry

ENFANCE ET MATERNITÉ

* **Aider son enfant en maternelle et en 1ère année,** Louise Pedneault-Pontbriand
* **Aider votre enfant à lire et à écrire,** Louise Doyon-Richard
Avoir un enfant après 35 ans, Isabelle Robert
* **Comment avoir des enfants heureux,** Jacob Azerrad
Comment amuser nos enfants, Louis Stanké
* **Comment nourrir son enfant,** Louise Lambert-Lagacé
* **Découvrez votre enfant par ses jeux,** Didier Calvet
Des enfants découvrent l'agriculture, Didier Calvet
* **Développement psychomoteur du bébé, Le,** Didier Calvet
* **Douze premiers mois de mon enfant, Les,** Frank Caplan
Droits des futurs parents, Les, Valmai Howe Elkins
* **En attendant notre enfant,** Yvette Pratte-Marchessault
Enfant unique, L', Ellen Peck
* **Éveillez votre enfant par des contes,** Didier Calvet

* **Exercices et jeux pour enfants,** Trude Sekely
Femme enceinte, La, Dr Robert A. Bradley
Futur père, Yvette Pratte-Marchessault
* **Jouons avec les lettres,** Louise Doyon-Richard
* **Langage de votre enfant, Le,** Claude Langevin
Maman et son nouveau-né, La, Trude Sekely
Merveilleuse histoire de la naissance, Dr Lionel Gendron
Pour bébé, le sein ou le biberon, Yvette Pratte-Marchessault
Pour vous future maman, Trude Sekely
* **Préparez votre enfant à l'école,** Louise Doyon-Richard
* **Psychologie de l'enfant, La,** Françoise Cholette-Pérusse
* **Tout se joue avant la maternelle,** Isuba Mansuka
* **Trois premières années de mon enfant, Les,** Dr Burton L. White
* **Une naissance apprivoisée,** Edith Fournier, Michel Moreau

LANGUE

Améliorez votre français, Jacques Laurin

* **Anglais par la méthode choc, L',** Jean-Louis Morgan

Corrigeons nos anglicismes, Jacques Laurin
* J'apprends l'anglais, G. Silicani et J. Grisé-Allard
Notre français et ses pièges, Jacques Laurin
Petit dictionnaire du joual au français, Augustin Turennes
Verbes, Les, Jacques Laurin

LITTÉRATURE

Adieu Québec, André Bruneau
Allocutaire, L', Gilbert Langlois
Arrivants, Les, collaboration
Berger, Les, Marcel Cabay-Marin
Bigaouette, Raymond Lévesque
Carnivores, Les, François Moreau
Carré St-Louis, Jean-Jules Richard
Centre-ville, Jean-Jules Richard
Chez les termites, Madeleine Ouellette-Michalska
Commettants de Caridad, Les, Yves Thériault
Danka, Marcel Godin
Débarque, La, Raymond Plante
Domaine Cassaubon, Le, Gilbert Langlois
Doux mal, Le, Andrée Maillet
D'un mur à l'autre, Paul-André Bibeau
Emprise, L', Gaétan Brulotte
Engrenage, L', Claudine Numainville
En hommage aux araignées, Esther Rochon
Faites de beaux rêves, Jacques Poulin
Fuite immobile, La, Gilles Archambault
J'parle tout seul quand Jean Narrache, Émile Coderre
Jeu des saisons, Le, Madeleine Ouellette-Michalska
Marche des grands cocus, La, Roger Fournier
Monde aime mieux..., Le, Clémence Desrochers
Mourir en automne, Claude DeCotret
N'Tsuk, Yves Thériault
Neuf jours de haine, Jean-Jules Richard
New medea, Monique Bosco
Outaragasipi, L', Claude Jasmin
Petite fleur du Vietnam, La, Clément Gaumont
Pièges, Jean-Jules Richard
Porte silence, Paul-André Bibeau
Requiem pour un père, François Moreau
Si tu savais..., Georges Dor
Tête blanche, Marie-Claire Blais
Trou, Le, Sylvain Chapdeleine
Visages de l'enfance, Les, Dominique Blondeau

LIVRES PRATIQUES — LOISIRS

Améliorons notre bridge, Charles A. Durand
* Art du dressage de défense et d'attaque, L', Gilles Chartier
* Art du pliage du papier, L', Robert Harbin
* Baladi, Le, Micheline d'Astous
* Ballet-jazz, Le, Allen Dow et Mike Michaelson
* Belles danses, Les, Allen Dow et Mike Michaelson
Bien nourrir son chat, Christian d'Orangeville
Bien nourrir son chien, Christian d'Orangeville
Bonnes idées de maman Lapointe, Les, Lucette Lapointe
* Bridge, Le, Vivianne Beaulieu
Budget, Le, en collaboration
Choix de carrières, T. I, Guy Milot
Choix de carrières, T. II, Guy Milot
Choix de carrières, T. III, Guy Milot
Collectionner les timbres, Yves Taschereau
Comment acheter et vendre sa maison, Lucile Brisebois
Comment rédiger son curriculum vitae, Julie Brazeau
Comment tirer le maximum d'une mini-calculatrice, Henry Mullish
Conseils aux inventeurs, Raymond-A. Robic
Construire sa maison en bois rustique, D. Mann et R. Skinulis
Crochet jacquard, Le, Brigitte Thérien
Cuir, Le, L. St-Hilaire, W. Vogt
* Découvrir son ordinateur personnel, François Faguy
Dentelle, La, Andrée-Anne de Sève
Dentelle II, La, Andrée-Anne de Sève
Dictionnaire des affaires, Le, Wilfrid Lebel

* **Dictionnaire des mots croisés — noms communs,** Paul Lasnier
* **Dictionnaire des mots croisés — noms propres,** Piquette-Lasnier-Gauthier
  Dictionnaire économique et financier, Eugène Lafond
* **Dictionnaire raisonné des mots croisés,** Jacqueline Charron
  Emploi idéal en 4 minutes, L', Geoffrey Lalonde
  Étiquette du mariage, L', Marcelle Fortin-Jacques
  Faire son testament soi-même, Me G. Poirier et M. Nadeau Lescault
  Fins de partie aux dames, H. Tranquille et G. Lefebvre
  Fléché, Le, F. Bourret, L. Lavigne
  Frivolité, La, Alexandra Pineault-Vaillancourt
  Gagster, Claude Landré
  Guide complet de la couture, Le, Lise Chartier
* **Guide complet des cheveux, Le,** Phillip Kingsley
  Guide du chauffage au bois, Le, Gordon Flagler
* **Guitare, La,** Peter Collins
  Hypnotisme, L', Jean Manolesco
* **J'apprends à dessiner,** Joanna Nash
  Jeu de la carte et ses techniques, Le, Charles A. Durand
  Jeux de cartes, Les, George F. Hervey
* **Jeux de dés, Les,** Skip Frey
  Jeux d'hier et d'aujourd'hui, S. Lavoie et Y. Morin
* **Jeux de société,** Louis Stanké
* **Jouets, Les,** Nicole Bolduc
* **Lignes de la main, Les,** Louis Stanké
  Loi et vos droits, La, Me Paul-Émile Marchand
  Magie et tours de passe-passe, Ian Adair
  Magie par la science, La, Walter B. Gibson
* **Manuel de pilotage**
  Marionnettes, Les, Roger Régnier
  Mécanique de mon auto, La, Time Life Books
* **Mon chat, le soigner, le guérir,** Christian d'Orangeville

Nature et l'artisanat, La, Soeur Pauline Roy
* **Noeuds, Les,** George Russel Shaw
  Nouveau guide du propriétaire et du locataire, Le, Mes M. Bolduc, M. Lavigne, J. Giroux
* **Ouverture aux échecs, L',** Camille Coudari
  Papier mâché, Le, Roger Régnier
  P'tite ferme, les animaux, La, Jean-Claude Trait
  Petit manuel de la femme au travail, Lise Cardinal
  Poids et mesures, calcul rapide, Louis Stanké
  Races de chats, chats de race, Christian d'Orangeville
  Races de chiens, chiens de race, Christian d'Orangeville
  Roulez sans vous faire rouler, T. I, Philippe Edmonston
  Roulez sans vous faire rouler, T. II, le guide des voitures d'occasion, Philippe Edmonston
  Savoir-vivre d'aujourd'hui, Le, Marcelle Fortin-Jacques
  Savoir-vivre, Nicole Germain
  Scrabble, Le, Daniel Gallez
  Secrétaire bilingue, Le/la, Wilfrid Lebel
  Secrétaire efficace, La, Marian G. Simpsons
  Tapisserie, La, T.M. Perrier, N.B. Langlois
* **Taxidermie, La,** Jean Labrie
  Tenir maison, Françoise Gaudet-Smet
  Terre cuite, Robert Fortier
  Tissage, Le, G. Galarneau, J. Grisé-Allard
  Tout sur le macramé, Virginia I. Harvey
  Trouvailles de Clémence, Les, Clémence Desrochers
  2001 trucs ménagers, Lucille Godin
  Vive la compagnie, Pierre Daigneault
  Vitrail, Le, Claude Bettinger
  Voir clair aux dames, H. Tranquille, G. Lefebvre
* **Voir clair aux échecs,** Henri Tranquille
* **Votre avenir par les cartes,** Louis Stanké
  Votre discothèque, Paul Roussel

PHOTOGRAPHIE

* **8/super 8/16,** André Lafrance
* **Apprendre la photo de sport,** Denis Brodeur
* **Apprenez la photographie avec Antoine Desilets**

* **Chasse photographique, La,** Louis-Philippe Coiteux
* **Découvrez le monde merveilleux de la photographie,** Antoine Desilets
* **Je développe mes photos,** Antoine Desilets

5

* **Guide des accessoires et appareils photos, Le,** Antoine Desilets, Paul Taillefer
* **Je prends des photos,** Antoine Desilets
* **Photo à la portée de tous, La,** Antoine Desilets
* **Photo de A à Z, La,** Desilets, Coiteux, Gariépy
* **Photo Reportage,** Alain Renaud
* **Technique de la photo, La,** Antoine Desilets

PLANTES ET JARDINAGE

Arbres, haies et arbustes, Paul Pouliot
Automne, le jardinage aux quatre saisons, Paul Pouliot
* **Décoration intérieure par les plantes, La,** M. du Coffre, T. Debeur
Été, le jardinage aux quatre saisons, Paul Pouliot
Guide complet du jardinage, Le, Charles L. Wilson
Hiver, le jardinage aux quatre saisons, Paul Pouliot
Jardins d'intérieur et serres domestiques, Micheline Lachance
Jardin potager, la p'tite ferme, Le, Jean-Claude Trait
Je décore avec des fleurs, Mimi Bassili
Plantes d'intérieur, Les, Paul Pouliot
Printemps, le jardinage aux quatre saisons, Paul Pouliot
Techniques du jardinage, Les, Paul Pouliot
* **Terrariums, Les,** Ken Kayatta et Steven Schmidt
Votre pelouse, Paul Pouliot

PSYCHOLOGIE

Âge démasqué, L', Hubert de Ravinel
* **Aider mon patron à m'aider,** Eugène Houde
* **Amour, de l'exigence à la préférence, L',** Lucien Auger
Caractères et tempéraments, Claude-Gérard Sarrazin
* **Coeur à l'ouvrage, Le,** Gérald Lefebvre
* **Comment animer un groupe,** collaboration
* **Comment déborder d'énergie,** Jean-Paul Simard
* **Comment vaincre la gêne et la timidité,** René-Salvator Catta
* **Communication dans le couple, La,** Luc Granger
* **Communication et épanouissement personnel,** Lucien Auger
Complexes et psychanalyse, Pierre Valinieff
* **Contact,** Léonard et Nathalie Zunin
* **Courage de vivre, Le,** Dr Ari Kiev
Dynamique des groupes, J.M. Aubry, Y. Saint-Arnaud
* **Émotivité et efficacité au travail,** Eugène Houde
* **Être soi-même,** Dorothy Corkille Briggs
* **Facteur chance, Le,** Max Gunther
* **Fantasmes créateurs, Les,** J.L. Singer, E. Switzer
Frères — Soeurs, la rivalité fraternelle, Dr J.F. McDermott, Jr
* **Hypnose, bluff ou réalité?,** Alain Marillac
* **Interprétez vos rêves,** Louis Stanké
* **J'aime,** Yves Saint-Arnaud
* **Mise en forme psychologique, La,** Richard Corriere et Joseph Hart
* **Parle moi... j'ai des choses à te dire,** Jacques Salomé
Penser heureux, Lucien Auger
* **Personne humaine, La,** Yves Saint-Arnaud
* **Première impression, La,** Chris. L. Kleinke
* **Psychologie de l'amour romantique, La,** Dr Nathaniel Branden
* **S'affirmer et communiquer,** J.-M. Boisvert, M. Beaudry
* **S'aider soi-même,** Lucien Auger
* **S'aider soi-même davantage,** Lucien Auger
* **S'aimer pour la vie,** Dr Zev Wanderer et Erika Fabian
* **Savoir organiser, savoir décider,** Gérald Lefebvre
* **Savoir relaxer pour combattre le stress,** Dr Edmund Jacobson
* **Se changer,** Michael J. Mahoney
* **Se comprendre soi-même,** collaboration
* **Se concentrer pour être heureux,** Jean-Paul Simard

* **Se connaître soi-même,** Gérard Artaud
* **Se contrôler par le biofeedback,** Paultre Ligondé
* **Se créer par la gestalt,** Joseph Zinker
  Se guérir de la sottise, Lucien Auger
  S'entraider, Jacques Limoges
  Séparation du couple, La, Dr Robert S. Weiss
* **Trouver la paix en soi et avec les autres,** Dr Theodor Rubin
* **Vaincre ses peurs,** Lucien Auger
* **Vivre avec sa tête ou avec son coeur,** Lucien Auger
  Volonté, l'attention, la mémoire, La, Robert Tocquet
  Votre personnalité, caractère..., Yves Benoit Morin
* **Vouloir c'est pouvoir,** Raymond Hull
  Yoga, corps et pensée, Bruno Leclercq
  Yoga des sphères, Le, Bruno Leclercq

SEXOLOGIE

* **Avortement et contraception,** Dr Henry Morgentaler
* **Bien vivre sa ménopause,** Dr Lionel Gendron
* **Comment séduire les femmes,** E. Weber, M. Cochran
* **Comment séduire les hommes,** Nicole Ariana
  Fais voir! W. McBride et Dr H.F.-Hardt
* **Femme enceinte et la sexualité, La,** Elizabeth Bing, Libby Colman
  Femme et le sexe, La, Dr Lionel Gendron
* **Guide gynécologique de la femme moderne, Le,** Dr Sheldon H. Sherry
  Helga, Eric F. Bender
  Homme et l'art érotique, L', Dr Lionel Gendron
  Maladies transmises sexuellement, Les, Dr Lionel Gendron
  Qu'est-ce qu'un homme? Dr Lionel Gendron
  Quel est votre quotient psychosexuel? Dr Lionel Gendron
* **Sexe au féminin, Le,** Carmen Kerr
  Sexualité, La, Dr Lionel Gendron
* **Sexualité du jeune adolescent, La,** Dr Lionel Gendron
  Sexualité dynamique, La, Dr Paul Lefort
* **Ta première expérience sexuelle,** Dr Lionel Gendron et A.-M. Ratelle
* **Yoga sexe,** S. Piuze et Dr L. Gendron

SPORTS

  ABC du hockey, L', Howie Meeker
* **Aïkido — au-delà de l'agressivité,** M.N.D. Villadorata et P. Grisard
  Apprenez à patiner, Gaston Marcotte
* **Armes de chasse, Les,** Charles Petit-Martinon
* **Badminton, Le,** Jean Corbeil
  Ballon sur glace, Le, Jean Corbeil
  Bicyclette, La, Jean Corbeil
* **Canoé-kayak, Le,** Wolf Ruck
* **Carte et boussole,** Björn Kjellström
  100 trucs de billard, Pierre Morin
  Chasse et gibier du Québec, Greg Guardo, Raymond Bergeron
  Chasseurs sachez chasser, Lucien B. Lapierre
* **Comment se sortir du trou au golf,** L. Brien et J. Barrette
* **Comment vivre dans la nature,** Bill Riviere
* **Conditionnement physique, Le,** Chevalier-Laferrière-Bergeron
* **Corrigez vos défauts au golf,** Yves Bergeron
  Corrigez vos défauts au jogging, Yves Bergeron
  Danse aérobique, La, Barbie Allen
* **En forme après 50 ans,** Trude Sekely
* **En superforme par la méthode de la NASA,** Dr Pierre Gravel
  Entraînement par les poids et haltères, Frank Ryan
  Équitation en plein air, L', Jean-Louis Chaumel
  Exercices pour rester jeune, Trude Sekely
* **Exercices pour toi et moi,** Joanne Dussault-Corbeil
  Femme et le karaté samouraï, La, Roger Lesourd
  Guide du judo (technique debout), Le, Louis Arpin
* **Guide du self-defense, Le,** Louis Arpin
* **Guide de survie de l'armée américaine, Le**
  Guide du trappeur, Paul Provencher
  Initiation à la plongée sous-marine, René Goblot

* **J'apprends à nager,** Régent LaCoursière
* **Jogging, Le,** Richard Chevalier
  Jouez gagnant au golf, Luc Brien, Jacques Barrette
* **Jouons ensemble,** P. Provost, M.J. Villeneuve
* **Karaté, Le,** André Gilbert
* **Karaté Sankukai, Le,** Yoshinao Nanbu
  Larry Robinson, le jeu défensif au hockey, Larry Robinson
  Lutte olympique, La, Marcel Sauvé, Ronald Ricci
* **Marathon pour tous, Le,** P. Anctil, D. Bégin, P. Montuoro
  Marche, La, Jean-François Pronovost
  Maurice Richard, l'idole d'un peuple, Jean-Marie Pellerin
* **Médecine sportive, La,** M. Hoffman et Dr G. Mirkin
  Mon coup de patin, le secret du hockey, John Wild
* **Musculation pour tous, La,** Serge Laferrière
  Nadia, Denis Brodeur et Benoît Aubin
  Natation de compétition, La, Régent LaCoursière
  Navigation de plaisance au Québec, La, R. Desjardins et A. Ledoux
  Mes observations sur les insectes, Paul Provencher
  Mes observations sur les mammifères, Paul Provencher
  Mes observations sur les oiseaux, Paul Provencher
  Mes observations sur les poissons, Paul Provencher
  Passes au hockey, Les, Chapleau-Frigon-Marcotte
  Parachutisme, Le, Claude Bédard
  Pêche à la mouche, La, Serge Marleau
  Pêche au Québec, La, Michel Chamberland
  Pistes de ski de fond au Québec, Les, C. Veilleux et B. Prévost
  Planche à voile, La, P. Maillefer
* **Pour mieux jouer, 5 minutes de réchauffement,** Yves Bergeron
* **Programme XBX de l'aviation royale du Canada**
  Puissance au centre, Jean Béliveau, Hugh Hood
  Racquetball, Le, Jean Corbeil
  Racquetball plus, Jean Corbeil
** **Randonnée pédestre, La,** Jean-François Pronovost
  Raquette, La, William Osgood et Leslie Hurley
  Règles du golf, Les, Yves Bergeron
  Rivières et lacs canotables du Québec, F.Q.C.C.
* **S'améliorer au tennis,** Richard Chevalier
  Secrets du baseball, Les, C. Raymond et J. Doucet
  Ski nautique, Le, G. Athans Jr et A. Ward
* **Ski de randonnée, Le,** J. Corbeil, P. Anctil, D. Bégin
  Soccer, Le, George Schwartz
* **Squash, Le,** Jean Corbeil
  Squash, Le, Jim Rowland
  Stratégie au hockey, La, John Meagher
  Surhommes du sport, Les, Maurice Desjardins
  Techniques du billard, Pierre Morin
* **Techniques du golf,** Luc Brien, Jacques Barrette
  Techniques du hockey en U.R.S.S., André Ruel et Guy Dyotte
* **Techniques du tennis,** Ellwanger
* **Tennis, Le,** Denis Roch
  Terry Fox, le marathon de l'espoir, J. Brown et G. Harvey
  Tous les secrets de la chasse, Michel Chamberland
  Troisième retrait, Le, C. Raymond, M. Gaudette
  Vivre en forêt, Paul Provencher
  Vivre en plein air, camping-caravaning, Pierre Gingras
  Voie du guerrier, La, Massimo N. di Villadorata
  Voile, La, Nick Kebedgy

Imprimé au Canada/Printed in Canada